益策实战商学院
做中国最好的职业经理人商学院

我来教你搭积木

韩增海 著

500强企业的团队系统化构建之道

北京大学出版社
PEKING UNIVERSITY PRESS

图书在版编目（CIP）数据

我来教你搭积木：500强企业的团队系统化构建之道／韩增海著.—北京：北京大学出版社，2013.4

ISBN 978-7-301-22208-9

I.①我… II.①韩… III.①企业管理－组织管理学 IV.①F272.9

中国版本图书馆CIP数据核字（2013）第036452号

书　　　　名：	我来教你搭积木：500强企业的团队系统化构建之道
著作责任者：	韩增海　著
策 划 编 辑：	王　妮
责 任 编 辑：	宋智广　孙成丽
标 准 书 号：	ISBN 978-7-301-22208-9／F·3558
出 版 发 行：	北京大学出版社
地　　　　址：	北京市海淀区成府路205号　100871
网　　　　址：	http://www.pup.cn　　新浪官方微博：@北京大学出版社
电 子 信 箱：	sgbooks@126.com
电　　　　话：	邮购部 62752015　　发行部 62750672
	编辑部 57421655　　出版部 62754962
印 　刷 　者：	北京佳顺印务有限公司
经 　销 　者：	新华书店
	787毫米×1092毫米　16开本　11.25印张　137千字
	2013年4月第1版　2013年4月第1次印刷
定　　　　价：	32.00元

未经许可，不得以任何方式复制或抄袭本书之部分或全部内容。

版权所有，侵权必究

举报电话：010-62752024　　电子信箱：fd@pup.pku.edu.cn

随着中国经济的发展，企业中的人力成本及其他资源成本越来越高，这使得其压力越来越大。企业想要生存发展下去，过去那种先做大再做强的模式已经不再适用。企业想要发展壮大就必须从内部入手，先让自己真正地变强，再由强变大。而想要先变强再做大，企业就必须把大部分精力放在内部管理上，不断提高效率。

前言

对提高企业效率的认知上，很多人首先想到的是提高个人效率，如通过加班、加强管理、指导、培养、激励等方式提高员工的工作效率。这些人认为，只要个人效率提高了，组织效率就会提高。实际上，这是提高企业效率中的一大误区。因为提高个人效率只是提高企业效率的一个方面，如果单纯地提高个人效率，还会带来很多弊端。比如有很多制造型企业，想通过各种制度、流程、监管、奖罚来推动个人效率的提高，但随着企业

的不断发展壮大，往往会遇到发展的瓶颈，过大的压力会导致在员工中出现自杀、罢工、集体辞职等现象。这种通过单纯提高个人效率来提高企业效率的管理模式叫作个体管理模式，只能在短时间内起作用，但持久性和整体性都不强。

想要真正地提高企业的效率，领导者应该采用团队管理模式。团队管理模式包括三个方面：管理效率、个体效率和整体效率，这三个方面之和就是企业的效率。

若想提高企业的效率，首先要提高管理效率。如何提高？第一是确定角色，第二是明确职责，第三是建立机制，第四是塑造环境。确定角色，可以让组织内的每一个人都知道自己是谁，使团队做到上传下达、反馈及时，以保证任务的有效执行。职责明确，可以让组织内的每一个人都知道自己该干什么，肩负着什么样的责任，有利于让每一个人做到各尽其职。良好的机制可以建立团队决策、分配、责任、执行、工作流程等各种管理体系，有利于整个团队各种职能的有效贯通。环境塑造包括文化、愿景、目标、使命、方向、公平、成长等内容，良好的工作环境可以保障角色、职责、机制的有效发挥，使团队成员团结一心，提高团队的凝聚力。如果企业能做到这四个方面，就能有效保证团队的有序运作。

其次是提高个体效率。个体效率的发挥是建立在管理效率基础之上的，核心在于分工，通过分工可以让每个人专注于某一区域，得到专业的训练，这样会使工作的熟练度和精准度得到快速提升，进而提高个体效率。

最后是提高整体效率。如果每一个员工的能力都非常强，各层领导也有很好的管理能力，同时又有一套很好的管理机制，是不是就意味着企业的效率就很高？答案是否定的，因为个人能力再强，若不能有效地和其他成员相互配合和协助，团队的整体效率就会大打折扣。如果在高效的管理效率和个体效率的基础上，团队成员之间能高效地协助与合作，做到能力互补、无私协助、配合默契、深度沟通、及时反馈、相互学习，团队的效率就能真正得到提升，企业的效率自然也能有很大的提高。

个人管理模式向团队管理模式过渡，是企业的必经之路。以前，中国经济发展速度比较快，企业赢利相对容易，即使是粗放型的管理，也能满足自身的需求。现如今，中国经济已经从高速发展阶段进入到平稳发展阶段，再加上各项成本的增加及竞争的日益激烈，为了生存和赢利，企业不得不把重心转移到效率上来。这就要求管理者要摒弃以前的个体管理模式，采用团队管理模式。

本书中，作者详细地讲解了团队管理模式的构建之法：首先从理念上正确认知团队；其次从思想上消除团队的迷茫，使团队成员凝心聚力；然后通过合理的团队架构步骤、有效的管理策略、高效的沟通手段和执行力来实现团队的高绩效，从而极大地提高整个企业的效率。希望本书能够帮助领导者打造高绩效团队，为企业创造丰厚的利润。

目 录

第一章
团队的认知——团队成功的奥秘 // 001

第①节 高效能团队能带来什么 // 003
　　　高效能团队所能创造的价值 // 003
　　　培养高效能团队的三个关键 // 005
第②节 工作群体≠工作团队 // 007
第③节 团队必备的三种素质 // 010
　　　自主性：使员工自动自发 // 010
　　　合作性：使员工彼此学习 // 013
　　　协助性：使员工互帮互助 // 014
第④节 团队的发展阶段 // 016

第二章
明确的未来——让团队不再迷惘 // 019

第①节 清晰的团队定位 // 021
　　　做好环境定位，增加决策准确度 // 021
　　　做好任务定位，确保实现预定结果 // 022
　　　做好资源定位，找到竞争优势 // 023
第②节 正向的团队价值观 // 024
　　　价值观对团队的作用 // 024
　　　团队应该具备哪些正向价值观 // 026

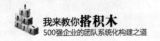

第 ③ 节 用共同的美好愿景鼓舞大家 // 029
第 ④ 节 为员工指明工作和职业方向 // 033
　　　　如何帮助下属找到工作方向 // 034
　　　　如何帮助下属找到职业方向 // 035

第三章
合理的架构——四步让团队各司其职 // 039

第 ① 节 架构混乱会带来什么样的后果 // 041
第 ② 节 团队架构步骤一：确定角色和人员组合 // 043
　　　　团队角色确定的原则 // 043
　　　　团队中的八种角色 // 047
　　　　建立团队核心班子 // 052
　　　　管理者对自身角色的认知 // 053
第 ③ 节 团队架构步骤二：职责清晰，分工明确 // 056
　　　　领导者和员工的主要职责 // 057
　　　　对职责进行管理的四个方法 // 058
第 ④ 节 团队架构步骤三：建章立制，令行禁止 // 060
　　　　建章立制，明确三种规则 // 060
　　　　令行禁止，确保制度执行 // 064
第 ⑤ 节 团队架构步骤四：统一思想，凝心聚力 // 066

第四章
有效的管理——让团队有序运作 // 069

第 ① 节 领导者的自我管理 // 071
　　　　常见的五类团队领导者 // 071
　　　　团队领导者应具备的四种思维 // 073
　　　　团队领导者应具备的五种能力 // 078
第 ② 节 领导者对下属的管理 // 081
　　　　如何培养下属的能力 // 081

　　　　采取有效的激励 // 084
　　　　怎么管理不同类型的下属 // 087
第③节　团队目标管理 // 089
　　　　目标管理之本 // 090
　　　　迈开你的步伐，达成你的目标 // 090
第④节　团队决策管理 // 098
　　　　团队正确决策的注意事项 // 098
　　　　团队正确决策的三大步骤 // 100
　　　　计划、跟踪、控制循环系统 // 103
第⑤节　授权管理 // 105
　　　　授权的条件 // 106
　　　　授权的方法 // 106
第⑥节　会议管理 // 110
　　　　备好会前会 // 110
　　　　开好会中会 // 111
　　　　跟好会后会 // 112
第⑦节　学习机制和创新机制管理 // 112
　　　　建立并落实学习机制 // 113
　　　　培养团队的创新思维 // 115

第五章
高效的沟通——让团队更加顺畅 // 119

第①节　高效团队必须掌握的沟通流程 // 121
　　　　传递≠沟通 // 121
　　　　沟通的流程 // 122
第②节　领导者的沟通之道 // 126
　　　　领导者和下属沟通的三个步骤 // 126
　　　　领导者和下属沟通的细节 // 129
　　　　领导者如何处理团队冲突 // 134
第③节　如何让下属间的沟通富有成效 // 137

扩大下属间的共同区域 // 137

传授下属实用的沟通策略 // 141

第六章
有效的执行——让团队更有效率 // 147

第①节 影响团队执行力的七个障碍 // 149

缺乏明确目标 // 149

团队成员不认同组织的目标 // 150

目标和团队成员之间缺少联系 // 150

缺少坦诚的沟通 // 151

团队成员不清楚自己的责任 // 151

团队的氛围不够和谐 // 152

约束力不够大 // 152

第②节 提高团队执行力的路径 // 153

下达命令 // 153

过程把控 // 155

评估改善 // 159

第③节 领导者在执行中需做到的几点 // 160

说软话，做硬事 // 160

让员工理解原因 // 161

重视结果 // 161

关注细节 // 162

第④节 下属执行素质的培养攻略 // 164

下属应具备的几种基本执行素质 // 164

下属基本执行素质培养方法 // 167

第一章
团队的认知——团队成功的奥秘

有的领导会说:"离开我,下面的人什么也干不了。"这句话中既流露出自我赞扬、自我肯定的得意之情,又包含了对下属能力的质疑和蔑视。说这种话的领导,显然陷入了一种错误的思想认知。他不知道,作为团队领导,其能力如何不是看他个人有多能干,而是看他所带领的团队有多能干。如果他所带领的团队很差,他就绝对称不上是一个好领导。好的领导能够发挥每一个团队成员的智慧,提升每一个团队成员的能力,给每一个团队成员施展才华的空间。在他的带领下,无论是团队成员的个体效率,还是团队的整体效率都会达到最大。

第 1 节
高效能团队能带来什么

随着历史长河的慢慢流淌,人类进入了工业社会阶段。在这一阶段,公司迅速成长起来,并成为工业社会的核心组织。那么,占据如此重要地位的公司,它的存在目的是什么呢?简而言之:赢利!对公司而言,似乎没有比赢利更重要的了——尽管它的存在也在客观上满足了社会需求。

公司若想赢利,仅仅依靠机器、原材料是不够的,它更需要一支凝聚力强、素质过硬的高效能团队。古语说"得人心者得天下",对于当今的公司而言,则是"得高效能团队者得天下"。任何一家公司,若想在激烈的市场竞争中立稳脚跟、占据优势、赢得更多利益,一支高效能团队是必不可少的。

高效能团队所能创造的价值

那么,高效能团队究竟能创造什么价值,能为企业带来什么呢?大致说来,高效能团队的价值主要体现在两个方面:一是使领导得到解放;二是使企业的效率倍增。

使领导得到解放

团队管理一般有两种管理模式，一种是被动管理模式，一种是自我管理模式。被动管理模式是指领导控制、管理下属，以此达到组织的要求，低效能团队大多采取此种管理模式；自我管理模式是指下属具有自动自发的习惯，能和同事之间互相配合，不需要领导的管理就可以把事情做好，高效能团队大多采用此种管理模式。

那么，这两种管理模式的区别在哪里？我们可以用一个"二八定律"来看出其中的差别：在低效能团队中，领导者花80%的时间做团队的日常管理，即对团队进行一些指导；花20%的时间思考团队的可持续增长问题，即如何让团队的效率越来越高、士气越来越旺、团队成员的主动性越来越强等。其结果是，领导者受困于日常琐事，自己心力交瘁，却又无法提高团队的效率。而在高效能团队中，领导者花20%的时间做团队的日常管理；花80%的时间考虑团队的可持续增长问题。其结果便是极大地减少了领导者对团队日常管理的时间，降低了管理成本，使其从日常的工作中解放出来，从而可以把更多精力放到一些可持续增长的事情上。

使企业的效率倍增

除了使领导解放，高效能团队还能使企业的效率倍增。

韩非子有云："下君尽己之能，中君尽人之力，上君尽人之智。"在被动管理模式下，好一点儿的团队便是"中君尽人之力"，即领导者依靠流程制度使员工达到自己的要求。但在这样的团队中，员工只是埋头干自己的事，只求完成自己的本职工作,不会多干一丝一毫,也不会给团队其他成员提供任何帮助,更不会替领导者分忧解难。这样的团队,效率只会一般。

糟糕一点儿的团队便是"下君尽己之能",即领导者亲力亲为,需要过问的事情非常多,员工没有自主性,领导让干什么就干什么,从不会主动去思考和研究。这样的团队其效率可想而知。

最坏的团队便是领导和下属分成两个派系或阵营,阶级壁垒森严,双方表面和谐,但私下经常出现矛盾和冲突。这种情况,用管理的语言形容就是"挖坑",也就是说领导看员工不顺眼,员工对领导也很抵触,工作上不配合,比如员工知道这件事应该怎么做,却不告诉领导,心里巴不得领导犯错。这样的团队,内耗巨大,根本无效率可言。

与上面三种团队相比,采用自我管理模式的高效能团队便属于"上君尽人之智"。在这样的团队里,领导者和团队成员关系融洽、互相信任,领导者能够发挥每一个团队成员的智慧,给每一个团队成员施展才华的空间。而每个成员都会尽心尽力,把团队的工作当作自己的工作。在这样的团队里,领导者和团队成员对工作都认真负责、充满责任感,团队的效率往往能达到最高。

培养高效能团队的三个关键

作为一名领导者,无论你是老总,还是部门经理,抑或是基层主管,头脑中都要思考一个问题,那就是如何培养高效能团队。要培养高效能团队,关键在于做好以下三点:一是群策群力;二是分工;三是合作。

群策群力

爱迪生曾说过一句话:"任何发明都不是个人行为,而是一个组织行为。"众所周知,无论一个人有多么聪明、多么厉害,都会有思维的盲区,不可能面面俱到。而群策群力,能够起到查缺补漏的作用,可以使个人的想法变得更完善、更切实可行。团队成员之间需要做到群策群力,领导和下属之间更要如此。假设领导者有一个很好的想法,但没有很完善的执行方法,如果直接作决策去执行,往往会出现很多问题,使结果不尽如人意。如果领导者能够先听一听下属的意见,然后再作决策,这样便有利于提高办事的效率和决策的正确性。

分工

领导者要使每个员工都清楚地知道自己的职责,明白自己的角色,要洞若观火地知晓员工是否具备承担某一职责的特长和能力。如果分工明确,就可以提高员工的个体效率。个体效率提高了,团队的整体效率自然会提高。

合作

在团队中,难免有些工作需要大家齐心协力地完成,团队合作在现代企业管理中越来越重要。因为有的工作仅凭一己之力是无法完成的,这就需要合作。合作效率越高,团队整体效率就会越高,反之亦然。比如一个团队做一件事情需要十个环节,如果团队中的成员合作愉快,每个环节都能做到位,那么结果便会超出预期。原本可以做到100%的事,很有可能做到

110%；如果合作得不好，结果便会大打折扣，原本可以做到100%的事，结果只做到70%。

第 2 节
工作群体≠工作团队

现代企业管理主要有两种表现形式，一是工作群体，二是工作团队。所谓工作群体，是指领导不与团队成员沟通、商量便直接发号施令，并勒令团队成员按照自己的指令做事。而工作团队，是指领导在与团队成员进行大量的、高品质的沟通与互动的基础上，作出决定或发出指令，团队成员按照决定或指令行事。两者的本质区别在于，前者是领导者专断独行，后者是领导者与下属群策群力。

工作群体与工作团队孰优孰劣？我们不能简单地下结论，这需要具体情况具体分析。举例来说，如果某个领导手下有5个人，这5个人都是刚走出校园的大学生，经验不足。这时候，领导者就没必要先和这5个人沟通商量，只需直接下令即可。此时领导者充当的是"保姆"的角色，而下属充当的是"小孩子"的角色。孩子小的时候，吃什么、喝什么、穿什么，当然凡事都要保姆替他作决定。但当孩子长大后，就不再需要保姆了。同样的道理，随着下属对工作越来越熟悉，领导不宜再事事自己做主，而应该多和下属进行沟通商量。否则，下属很容易丧失独立思考的能力和自主性，成为思想僵化的"机器人"。

因此，工作群体和工作团队孰优孰劣，还需要根据具体情况而定。那么，企业在什么情况下适合工作群体这种模式？又在什么情况下适合工作团队模式呢？

一般来说，一个企业在刚刚创立的时候，大多会采用工作群体这种模式。绝大多数白手起家的领导都是很强势的，比如大家熟知的王石、张瑞敏和柳传志等企业家，都是很强势的人，有时候甚至说一不二。企业创立的初期非常需要这样的领导，因为企业在建立初期，要的是突破力和快速执行的能力，一个强势领导的最大优势就是可以提高执行力，使工作群体在企业初创时期能发挥很好的作用。

但凡事皆有例外，有些白手起家的企业家在企业创立之初采取的便是工作团队模式，比如阿里巴巴。

> 马云在创建阿里巴巴之初，手下有18个忠诚的追随者，大家称他们为"十八罗汉"。阿里巴巴的无数个决定和策略，都是马云和"十八罗汉"共同商量后作出的。在创业过程中，马云遇到过各种挫折和磨难，但"十八罗汉"一直对他不离不弃，为他出谋划策、保驾护航。最终，阿里巴巴披荆斩棘，成长为全球企业间（B2B）电子商务的著名品牌。可以说，没有当初的"十八罗汉"，没有工作团队这种管理模式，就没有今天的马云，就没有今天的阿里巴巴。

企业创立之初，领导者可以采用工作群体模式，也可以采用工作团队模式。但当企业度过初创期后，工作团队模式便是最好的选择。因为企业要做大做强，光靠领导一个人的强大是做不到的，还需要团队成员的强大。如果度过初创期后继续采用工作群体模式，领导者凡事都自己说了算，团队成员的能力就得不到提升，整个企业也会问题丛生，很难得到持续的发展。

现在有很多企业之所以做不大做不强，不是缺钱，而是缺人。这些企业过了初创期后，领导者上看下看，左看右看，发现能够独当一面的下属寥寥无几。于是只能从外面高薪聘请人才，但结果往往是，人才要么泯然众人矣，要么溜之大吉。为什么会出现这种现象？根本原因就在于公司一直采用工作群体这种管理模式，领导者一直在用他一个人的脑子指挥所有成员，没有给别的员工足够的空间和平台，没有创造一个相互深入沟通的氛围，团队成员的能力得不到培养。这样一来，公司自然就无人可用。这样的公司很难做大做强。

所以，企业只有转为工作团队模式，才可能长久地走下去。华为总裁任正非曾提出一个"去英雄主义"的理念。他认为，作为领导者，应摒弃个人英雄主义作风，要把提高团队成员的整体能力作为自己的目标。实际上，任正非提倡的便是工作团队管理模式。

在企业管理中，有两种情况非常适宜采用工作团队这一管理模式。第一种情况是环境比较复杂、外界竞争压力较大时。当环境复杂、外界竞争压力大的时候，一个人的脑子可能很难应对多种情况。所以只有群策群力，大家一起出谋划策才能找到解决问题的好办法。群策群力能使团队的反应速度加快，相应地，处理问题的能力也会得到提升，这样的团队适应能力会很强。正所谓"适者生存"，团队适应能力强对企业来说是很大的优势。

第二种情况是下属是专业人才。因为专业人才对空间，也就是思考空间和决策空间的渴求都比较大，而工作群体这种模式却压制了人的思考空间和决策空间。试想，如果一个员工很擅长某一专业领域，但自己却无法做主，只能听领导的，时间长了员工会如何？会消极怠工，会深感怀才不遇，最后很可能选择离开公司，另谋高就。

遗憾的是，现在有很多企业采用的都是工作群体这种管理模式，采用工作团队管理模式的企业少之又少。作为领导者，应根据公司的实际情况或发展阶段，采取适宜的管理模式，只有如此，才能增加公司的效益，创造更多利润。

第 3 节
团队必备的三种素质

好的团队，必须具备三种素质，即自主性、合作性和协助性。这三种素质对团队而言是非常重要的。可以说，一个团队若没有这三种素质，便很难称之为团队。具备了这三种素质的团队，其效率可以得到很好的保障。作为团队领导者，培养团队这三种素质是自身义不容辞而又任重道远的责任。

自主性：使员工自动自发

在任何一家企业里，如果员工能够自动自发而不是在强制命令下做事，那么，这家企业的管理效率一定非常高。员工自动自发地做事，便是团队自主性的体现。

在企业中，怎样才算有自主性？我们先思考一个问题：在北京这个寸土寸金的城市中，一个人买了一套三室两厅的新房，并从里到外细致地装修了一番。当他住进新房后，他会不会不收拾屋子，任凭新房子又脏又乱？一般都不会。这个人会把家里收拾得很干净，为什么？因为这是他的家，是自己努力奋斗的成果，他收拾房间这种行为是自愿的，不是别人要求的，这就是自主性的体现。一个人之所以有自主性，往往在于他把要做的事情当作自己应该做的。同样，当团队成员把工作当成"自己的事"而非"公司的事"时，他便真正具备了自主性。而在很多公司里，很多员工是不具备这种素质的。

> 某公司的文员有一天接到一个电话。对方问："请问，你们公司的张总在不在啊？"文员回答："张总不在，他外出办事去了。"对方又问："什么时候回来？"文员说："不知道。"然后就把电话挂了。这个文员便没有自主性。作为一个文员，礼貌地回复并帮助来访者是理所应当的，即使张总不在，最起码也应该问一下客户："您找张总有什么事，我有什么可以帮到您？"问清楚对方来电的原委后，还可以告诉对方："我们李总在，要不然您跟李总交流一下这件事？"这样做才真正体现了自主性。例子中的文员为什么只说了句"不知道"就把电话挂了呢？因为她觉得："我就是来上班的，就是个文员，张总在不在跟我没关系，客户打电话是找张总，又不是找我的，我才懒得管呢。"当员工存在这种想法时，说明这个企业的自主性出了问题。

那么，如何检验手下的员工是否具有自主性呢？这里提供给大家一个测试方法：前一天下班的时候，在办公室门口丢一团纸，第二天上班的时候，看看人们会在多长时间内把纸捡起来。如果公司里没有人把纸捡起来，说明企业的自主性很差，也许有人会对这个结论不以为然。但是我们细想一下，把纸捡起来放进纸篓里，最多花费几秒钟的时间，难道员工连几秒钟的时间都没有吗？当然不会。可是却没有人去做。这么一件小事都不能主动去做，又怎么可能在工作中具备自主性呢？员工在工作中不具备自主性，又怎么可能提高团队的效率呢？

另外，自主性不是与生俱来的，而是后天培养的。人生下来的时候，有很多天性流淌在血液里，如食欲、性欲、爱、恨、嫉妒、恐惧、好奇心、表现欲、控制欲等，就是没有自主性。

那么，领导者应该如何培养员工的自主性呢？

首先，必须建立一个公平的环境。公平的环境指的是按劳分配、机会均等。当大家所拥有的资源是一样的，面临的外界条件也是一样的时，如果你的绩效比别人低，拿的就应该比别人少，绩效比别人高，拿的就应该比别人多，这样大家的自主性才会高。如果没有了公平的环境，员工是不可能有自主性的。试想，如果一个员工工作干得很好，但是不擅于讨领导欢心，所以他拿的钱就比其他人少，得到的机会也不如其他人多，这个员工怎么可能有自主性？

其次，要打造员工的自主性，就要解决两个问题。第一个问题，团队一定要有清晰的目标。如果团队没有清晰的目标，员工就不知道应该朝哪个方向努力。第二个问题，每个团队成员都要了解自己的角色和职责。什么是角色？角色就是我知道我是谁，我在哪个岗位。什么是职责？职责就是为了达成目标而形成的一系列的任务集合，也就是说在共同目标的前提下，我知道我要干什么。

最后，要想培养员工的自主性，领导者还要立规矩。为什么要立规矩呢？因为自主性和规矩有直接关系。团队是一群人在一起做事，如果没有事先立好规矩，大家在合作的时候往往会出现步调不一致的现象，往往会影响团队的自主性。比如某公司在每周五下班后对员工进行技能培训，培训时间是两个小时。如果没有规定每个员工必须到场，那么，就会出现这种状况：刚开始，有的员工很自觉，也就是自主性很强，每次都到场，但80%的员工都不到场。时间一长，原本很自觉到场的员工的自主性就会受到影响，不会再次次都到。因此，要培养员工的自主性，必须要立好规矩。

合作性：使员工彼此学习

个体和个体之间相互配合，共同去完成一件事情，我们称为合作性。合作性到底有多重要，我们可以举一个例子来说明。

一家报社有七名成员，这些成员个人能力都非常强，文学水平都很高，写作能力也很强。但是每一个成员都自以为是，都认为自己是最厉害的，谁都不服谁，也没有欲望去和别人合作，更谈不上向别人学习。如果这七个人长时间在一起工作，随着工作的深入，彼此的摩擦就会越来越多，自然而然就会出现矛盾，矛盾得不到妥善的解决，最终便会形成谁也不理谁、彼此间很少交流的局面，甚至还会出现更严重的现象：势不两立。这样就会造成严重的内耗，虽然团队成员每个人的能力都很强，但整体效率却非常低。

那么，如何培养团队成员的合作性呢？

第一，要培养员工开放的心态。什么叫开放的心态？我们先来举一个反面的例子，有的员工很固执，别人的意见、建议他根本听不进去。像这样的员工，他的心态就是不开放的。相反，如果一个员工能擅于听取别人的意见，能谦逊地学习同事之所长，那么，这个人的心态就是开放的。心态开放，合作性自然就会强。要想培养员工的开放心态，领导者需要先建立团队成员之间的信任和认可。如果团队成员相互缺乏信任，就不可能敞开自己的心扉，也就不可能有高效的合作。所以，培养团队成员之间的信任，是领导必须要做的事。至于如何培养团队成员间的信任，我们后面会详细为大家讲解。

第二，进行合作性训练。如何进行合作性训练呢？比如有一个任务需要三个人去完成，领导者让这三个人在完成的过程中，把各自遇到的具体情况记录下来。任务完成之后，再回过头来想一想，看看彼此在合作上有哪些地方做得不好，怎么做才能更好。这样一来，大家在下次合作的时候，效率就会有所提高。

第三，在招聘的时候，领导者要考虑团队成员之间的互补性。如果员工多为理性的人，那么这个团队还需要有感性的人来互补。此外，外向的人需要内向的人来互补；执行力很强的人需要创新型的人来互补；擅于出谋划策的人需要能整合资源的人来互补……如果形成了这样的互补性，就可以在很大程度上提高团队的合作性。

协助性：使员工互帮互助

前面我们已经讲了团队必须具备的两种素质：自主性和合作性。接下来我们要接着讲第三种素质，即协助性。什么是协助性呢？协助性可以简单地理解为为了满足团队整体利益，员工愿意主动去帮助其他同事完成工作。我们来看一个例子。

团队的小王正忙着处理一件事，这件事非常着急，需要当天完成。快下班的时候，小王遇到一个问题需要老李帮忙，老李回复说："抱歉，我今天晚上家里有事，不能帮你了，你自己解决吧。"老李的做法便是缺乏协助性。

一个团队要有凝聚力，就必须有协助性，因为某个员工在团队从事具体工作的时候，难免会出现个人利益和组织利益相互冲突的情况，如果每个人都打自己的小算盘，只顾个人利益，那这样的团队就是没有凝聚力的。没有了凝聚力的团队就不能称之为团队，俗话说："兄弟齐心，其利断金。"实际上指的就是协助性。你有难处我帮你，我有问题你帮我，这样，问题就会迎刃而解。

为了提高团队的协助性，领导者首先要培养团队成员的付出能力。在什么情况下，团队成员愿意付出自己的时间、自己的精力？只有当大家觉得在这个团队里工作，能收获到很多除了薪酬之外的东西，比如团队成员之间融洽和睦，对公司的认同感，对工作的成就感，自我价值的体现，公平合理的氛围，等等。这样，团队成员便很愿意付出。而上述的，除了薪酬之外的东西，都是需要领导者身体力行去营造的。更重要的是，作为领导者，自己也要肯付出。正所谓上行下效，领导者若不付出，不做出表率，别人就不可能付出。

第二，领导者在招聘的时候，最好选一些既有能力——最起码能完成自己的工作——又热心的人。如果一个团队有十个人，其中有两三个人很热心，那么，团队的协助性就会明显增长。如果招的人有能力，但很冷漠、不热心，那么这个团队的凝聚力就不会很好。有的领导在招聘的时候，很看重教育背景，喜欢招高学历、名校的人。实际上这是一种错误的做法。有人就高考状元职业发展做过一个统计，结果发现，有些高考状元的职业发展还不如一些成绩平平的学生职业发展得好。之所以出现这种现象，主要是有些高

考状元自视甚高,在工作中缺乏合作性、协助性。所以,领导者在招聘的时候,要招适合的,而不应过于强调学历和毕业学校。因为"适合的,才是最好的"。

第三,患难与共。如果团队成员之间曾共同面临过困难,那么,在将来的工作中,彼此间的协助性就会很好。因为从人性上来说,人们通常会对那些与自己共患难的人印象深刻,并怀有一种深厚的情感。

第 4 节 团队的发展阶段

一个团队,通常来说要经历五个发展阶段:组建期、激荡期、规范期、执行期和增效期。

先说第一阶段——组建期。在团队组建的初期,领导者必须建立组织的边界。建立边界包括以下几个方面:第一,团队要有明确的定位。什么叫定位?即领导者要清楚团队的工作方向、工作任务、外部环境,以及内部的人、才、物等资源情况。任何团队,有了定位,才能往下发展。第二,要建立团队成员之间的信任感。如果成员之间缺乏信任,团队效率就不会高。至于如何建立信任,我会在后面的章节详细讲解。第三,明确团队中每个人的角色和职责。团队中的每一个人,对于自己要做什么、所做的事能让自己收获什么,要做到心中有数。

第二阶段——激荡期,也可称作振荡期。团队组建之后,随着成员之间的合作和沟通越来越多，冲突也会越来越多。这一阶段，团队领导必须进一步增加团队间的沟通和了解，要多做员工的思想工作，通过调节来减少相互间的摩擦，避免把观念冲突升级为关系冲突，这一点至关重要。

第三阶段——规范期。在规范期，领导者首先要规范大家的思想，即统一价值观，其次要规范流程、方法。实际上，现在的很多企业在刚开始组建的时候，几乎所有的心思都放到了如何让自己生存下去这一问题上，并没有时间和精力考虑规范性问题。但当企业存活下去，并开始做大后，领导者就必须考虑规范性的问题了，因为这关系到企业的长期发展。

第四阶段——执行期。在执行期，领导者需要重点做的是增加团队成员合作时的默契度。默契度越高，团队整体的执行效率就会越高。举例来说，团队制订一个计划，从计划的形成到调整，再到执行，整个过程中团队成员之间能不能训练有素、有机地配合，关系到计划是否能很好地完成。

第五阶段——增效期。在增效期，领导者要思考如何增强团队的效率。在这一阶段，领导者要努力提高团队的创新能力、变革能力、对外界的适应能力。只有这几种能力都很强大，一个团队才可能立于不败之地。否则，任何一种能力的缺失，都可能导致不可挽回的后果，柯达公司便是一个很好的例子。柯达公司是第一个发明数码相机的企业，但是它的团队适应性太差，在数码相机已经显露出将要取代胶片相机的形势下，它仍然以胶卷业务为主，结果惨败给日本富士公司。数年后的今天，柯达公司倒闭，这样的结果不得不让人扼腕叹息。

第二章
明确的未来——让团队不再迷惘

在构建团队的过程中,领导者首先要想清楚的就是"明相位,立德业"。所谓"明相位",是指团队要有清晰的定位,即领导者要知道自己的企业内外环境如何,团队的任务是什么,团队现有的资源有哪些;所谓"立德业",是指立德立业。"立德"是指团队要树立正向的价值观。德不立,业不长久,只有树立正向的价值观,团队才能有大作为。"立业"是指领导者要为团队树立共同的愿景,并指明团队成员的职业方向和工作方向。

第 1 节
清晰的团队定位

任何一个卓越的团队，都有清晰的团队定位。清晰的团队定位可以提高整个组织的适应性；定位越清楚，团队的适应性就越高；适应性越高，生存能力就越强；只有先生存下去，才有机会变得更强。所以，领导者要先给自己的团队有一个清晰的定位。那么，定位包括哪几个方面呢？一般来说，团队定位包括环境定位、任务定位和资源定位。

做好环境定位，增加决策准确度

环境定位是指领导者要了解并分析公司的外部环境，以便作出正确的决策。在古代，行军打仗必须要考量的一个重要因素就是外部环境，所以才会讲究"天时、地利、人和"。外部环境对商业竞争有着至关重要的意义。举个例子，创办一家企业，是在抗日战争时期容易些、成功机会大一些，还是在现在的和平时期更容易、成功机会更大呢？当然是现在的和平时期了。因为战争时期兵荒马乱，外部环境不好，创办企业的难度系数自然会增加。

团队领导者要调查分析的外部环境，包括国家当下的环境、所从事行业的市场前景、竞争对手、客户群体四个要素。

国家当下的环境，也就是中国当下的环境：第一，政策红利已经没有了，国家对企业不会有特别的政策倾斜；第二，人口红利没有了，员工越来越难招，想招到人才更是难上加难。

所从事行业的市场前景：如果市场前景一片光明，证明企业有成长的空间，赢利机会比较大；前景如果不好，则很容易血本无归。

竞争对手：如果竞争对手很多，说明行业内市场竞争很激烈，领导者需要做好打硬仗的准备。

客户群体：对客户群体要有深入的了解，知道自己的客户群体具体是哪些，他们的消费能力如何，消费习惯是什么……

当领导者将国家环境、市场前景、竞争对手、客户群体这几个重要的外部环境要素都分析清楚了之后，才能找到适合企业的、让企业在这种环境中生存下去，甚至脱颖而出的商业模式，给企业定好位。如果对这几个关键的环境要素分析不到位，就很难找到适合企业的商业模式，无法给企业定位。没有适合的商业模式，没有适当的定位，企业就不能在竞争激烈的商场中立足。

做好任务定位，确保实现预定结果

团队想要发展，肯定要有明确的任务，也就是知道自己要做什么。在任务定位中有两个要素是领导者要考虑到的：第一个要素是要对任务进行分析，即要知道：任务的目标是什么？怎么做才能达成目标？达成目标的过程要分几个步骤？每一步应该怎么实施？达成目标需要什么样的资源作支撑？

需要多少人？什么样的人？团队成员之间应该怎样分工、合作？什么样的结果是最值得认可和接受的？什么样的结果是不能接受的？如果出现了不能接受的结果，要采取哪些补救措施？……这些都需要领导者进行详细的分析。

第二个要素是领导者要清楚，任务不是轻而易举就能实现的，完成任务的过程可能充满艰难和阻碍，需要一颗坚韧的心。借用马云的一句语录来阐述此点，就是：今天很残酷，明天更残酷，后天很美好，但绝大多数人是死在明天晚上，看不到后天的太阳，所以每个人都不要放弃今天。很多人刚开始创业的时候，仅凭一腔热血，但当企业遇到一点儿挫折时就心灰意冷，这样很难成功创业。出现这种情况就说明领导者在给团队的任务定位时，没有考虑到任务的复杂性，以致遇到挫折后承受能力不足，无法善始善终。

做好资源定位，找到竞争优势

资源定位指的是领导者对硬资源和软资源的分析。什么是硬资源？硬资源是指生产设备和资金。企业有哪些生产设备？生产设备新旧程度如何？损耗度、产出率是多少？企业有多少财力？这些财力应该怎么分配运用？哪些地方必须花钱？哪些地方可以少花？如何保证企业有足够的流动资金？是依靠政府贷款，还是借力于风险投资？……这些都属于硬资源方面的分析要素。

除了上述要素之外，领导者还要对软资源进行分析。什么是软资源？除了硬资源之外的资源都可以当作软资源。软资源中，领导者要着重考虑的是企业所具有的竞争优势，这种竞争优势被称为核心竞争力。企业的核心竞争力体现在哪里？是在技术、战略、组织方式、渠道、资本上，还是在创新、人力资源上？企业的人力资源往往是最不容忽视的、最应该培养的核心竞争

力。因为在激烈的市场竞争下,一个企业能否长久立足,根本在于是否具备人才。往往具有人才资源优势的企业,都非常重视人才,有详细的人才培养体系和选拔制度,会采取积极的方式留住人才。

第 2 节 正向的团队价值观

毫无疑问,正向的价值观可以帮助团队一路向前,那么,价值观对团队有什么作用,团队应该具备哪些正向的价值观呢?

价值观对团队的作用

什么叫价值观?价值观可以简单地理解为一个人对外界事物的看法和评价,以及自身做事的准则和尺度,它体现了一个人的价值取向和价值追求。价值观因人而异、因文化而异、因民族和国家而异。比如在美国,人们崇尚的是个人主义价值观,而在我国,人们尊崇的是集体主义价值观。在处理子女和父母关系的时候,我们首先推崇的就是孝顺,国家也明文规定了子女有赡养父母的义务。而在美国,法律规定父母抚养子女是应尽的义务,但没有规定子女必须赡养父母。这些差距,便是不同的价值观导致的。

有个冷笑话很好地体现了这一点:一个美国人娶了个中国妻子,刚开始,他觉得就是娶了一个妻子而已。但是后来随着女方家人的不断来访,妻子对家人的不断资助，他恍然大悟，自己娶的不是一个人，而是对方的全家人。

这个笑话说明，在不同的价值观下，人们对事情的看法、行事的原则是不同的，而这些不同很容易引发矛盾和冲突。所以，拥有相同的价值观，对于人和人之间的相处、家庭和睦、国与国之间的友好建交都非常重要。同样，相同的价值观对企业的影响也非常深远。如果企业员工的价值观都相同，就会形成共同的做事规则，时间长了，这种共同的做事规则就会演变为企业独特的文化氛围，从而把企业中的所有人凝聚在一起，形成强大的企业向心力。对于任何一个企业而言，想要发展壮大、基业长青，树立相同的价值观是非常有必要的。

前面提到过《易经》开篇的一句话："明相位，立德业。"所谓立德业，是指立德立业。先立德后立业，因为德不立，业不长久。任何一家企业，都要树立正确的价值观，这是立德问题。在我国，食品安全是一个非常大的问题。

> 有一个小故事就是关于食品安全的：有一头猪，有天晚上去散步，不小心迷路了，走进了森林，在森林中碰到一条眼镜蛇。这头猪以前看电视的时候知道，眼镜蛇有剧毒，于是吓个半死，眼镜蛇还没咬它，它就晕过去了。当猪醒来之后发现自己没事儿，蛇却死了，于是猪说了一句话："小样儿，跟我比毒性，你以为三聚氰胺、地沟油、瘦肉精都是白吃的。"这个故事有着极强的讽刺意味，但却实实在在地反映了食品安全问题，而食品安全问题实质上就是道德问题。

有些企业为了追求经济利益，无所不用其极，毫无道德底线可言，这样的企业虽然可以在短时间内获得一定的经济利益，但多行不义必自毙，早晚会关门歇菜。所以，一个企业要想获得长远发展，企业的领导者就一定要培养员工正向的价值观，这不仅仅是一种社会责任，更关乎做人的基本原则。

员工拥有了正向的价值观，会给团队带来诸多好处。最明显的一点就是能提高领导者的管理效率。比如一个团队中的所有成员都具有"纯洁"这一价值观。这一价值观具体指什么呢？指的是简简单单，工作就是工作，员工不搞帮派，也不搞斗争，有什么事儿大家当面说清楚，不私下里揣测。形成了这种价值观之后，可以减少管理者日常的管理阻力，使员工把精力都放到工作上，这样一来，团队的效率自然也会得到提高。除此之外，正向的价值观还可以增强团队成员之间的凝聚力。如果员工想法一致，彼此间就会出现一种现象——"共情"。所谓"打虎亲兄弟，上阵父子兵"，有这样一种"共情"的存在，员工就会心往一处想、劲儿往一处使。这样，团队的凝聚力自然会增加。凝聚力增加以后，团队成员处理困难的能力会得到提升，相对地，困难对团队的副作用也会降低。

团队应该具备哪些正向价值观

正向的价值观有很多，一个高效能的团队应该树立哪些基本的正向价值观呢？我们来关注三个比较重要的正向价值观。

第一个基本的价值观是责任。团队是一种既有分工又有合作的组织，无论是分工还是合作，每一个成员都要承担自己的责任。如果没有责任意识，员工就会对自己的工作敷衍塞责，团队就无法达到高效这一目的。

第二个基本的价值观是简单。任何组织，都是越简单越高效。团队除了分工之外，还需要合作，若想合作得好，就要拒绝复杂，追求简单，否则，就会造成严重的内耗。

> 百思买就是一个很好的例子。百思买属于全球家用电器和电子零售产品巨头，2006年，它在中国设立了门店，但是却在2011年无奈撤离中国。其中一个重要原因就是百思买组织的复杂性。百思买刚进入中国的时候，没有培养自己内部的人才，而是直接挖人。一来二去，百思买分成了四大帮，第一帮是沃尔玛帮，第二帮是家乐福帮，第三帮是国美帮，第四帮是苏宁帮。随着企业的发展，四大帮之间出现了很多斗争和矛盾，这就使百思买内部组织变得非常复杂，内耗严重，最终成为它撤离中国的一个重要原因。

第三个基本的价值观是坦诚。坦诚是指什么呢？每个人有话就当面说，而且要实话实说，这是每个团队都要树立的正向价值观。只要在团队中树立起了坦诚这一价值观，就会给团队带来很多好处，第一个好处是可以使思想和创意快速地流动，提高创新性。第二个好处是可以最大限度地减少团队成员之间的冲突和矛盾。大家坦诚相见，会减少因为缺乏沟通带来的矛盾。第三个好处是可以提高团队的执行效率。为什么这么说呢？因为坦诚可以促进成员之间的沟通，沟通效率提高了，执行效率自然就会提高。

> 有"世界第一CEO"之称的杰克·韦尔奇，在接手通用电气的时候，把"坦诚"这一价值观推广得非常好。通用电气在韦尔奇到来之前就已经做得非常大了。企业做大了之后，普遍都会出现一种病——"大企业病"，即部门和部门之间的沟通壁垒越来越厚，其实这是部门和部门之间沟通、协调不到位造成的。杰克·韦尔奇上任后，

> 提出了一个理念，就是推倒"部门墙"，让每一个人都坦诚地交流，互相不要有太多的防备。杰克·韦尔奇对这一价值观推广了整整10年，对通用电气的发展起到了非常大的作用。

"责任""简单""坦诚"是团队应该具备的三种基本价值观。一般来说，一个团队的价值观不要超过六个，太多价值观带来的结果是容易出现相互损耗，会抵消价值观的作用。

作为团队领导者，如何塑造团队的价值观并让它真正地产生作用呢？

第一步，找到适合自己团队的价值观。这个价值观不是学来的，也不是抄来的，而是要适合企业和组织的价值观。有人说很多企业的文化是老板文化，是创始人文化，这是没有错的。因为企业文化是由核心价值观组成的，而核心价值观来源于创始人对事物的看法、对外界的认知。比如一家企业的创始人认为诚信很重要，经过长时间的积累和坚持，诚信就会成为这家企业的核心价值观。只有具备核心价值观，才能进一步形成企业文化。所以，任何一个团队领导者，都要找到适合自己团队的核心价值观。

第二步，找到适合自己团队的价值观以后，就要展开和价值观相应的行动。如果只有价值观，而没有具体的行动，价值观就会成为一句空喊的口号。所以，领导者和下属要在行动中体现价值观。比如，领导者要求自己的团队要坦诚，那么，与坦诚相应的行为是什么？是讨论事情的时候有话就当面说；开会的时候，把问题放在桌面上谈，不事后发牢骚，这都是具体的行为。团队中有这样的行为，才能体现团队的价值观。

第三步，价值观的塑造。价值观应该怎么塑造？第一个方法是领导者率先垂范。作为团队领导，自己先做到，才能要求别人做到，这叫作榜样的力量。第二个方法是要有相应的奖罚。按照价值观行事的团队成员，可以对他们的行为进行奖励；违反价值观的，就要受到相应的处罚。通过奖罚的推动，可以把价值观塑造得更加丰满、有效。第三个方法是重复。要使价值观起作用，领导者就要不断重复地引导员工意识到价值观的作用。通过不断强调，才能让员工意识到价值观的存在，并让其发挥作用。第四个方法是证明。结合团队的实际情况，用事实证明价值观对团队的作用。比如万科老总王石曾提出过一个核心价值观——不做两本账，即公司只有一本账。事实证明，这一价值观起到了非常大的作用。当初和万科一起创业的房地产企业，要么是关门大吉，要么是因为送礼行贿受到了惩处，要么是因为财务出了问题，唯有万科仍在稳健地发展，这与王石提倡的正确的价值观有很大关系。因此，让一个团队坚持一种价值观的最后一个方法就是用事实证明所选择的价值观能真正地为公司、为团队带来好处。

第 ❸ 节
用共同的美好愿景鼓舞大家

在企业中，我们经常会听到"愿景"这个词。那么，什么是愿景呢？一般来说，超过三年以上的目标，可以被称作愿景，比如五年规划、十年规划就可以被称为愿景。愿景不同于目标，它是一个美好的梦想，对人不会产生太大的压力。而目标一产生，压力就会随之而生。比如某公司2013的目标销售额是1亿，10年以后，目标销售额是50个亿。前者属于目标，后者便属于愿景。一年必须做到一个亿的目标会给团队带来很大的压力,但是10年以后达到50个亿的愿景因为时间不具有紧迫性,所以不会带来太大的压力。

有一句话说:"思想有多远,人就会走多远。"任何一家企业,要想发展就必须思考愿景的问题。实际上,愿景的本质作用是驱动力,人的驱动力大小和愿景有直接的关系。人活着,都有追求自由和幸福的愿望,都有属于自己的梦想。有了梦想,才有动力,才会去努力实现梦想。这实际上就体现了愿景的驱动力。比如,一个"北漂族"的愿景是在北京买一套房。如果他认为这个愿景在10年以后必须达成,否则他在北京就没有意义,那么,他对愿景的承诺就会很大。对愿景的承诺越大,心理失衡就越大;心理失衡越大,人就会越痛苦。为了要脱离痛苦、逃避痛苦,他就必须做一件事,就是多挣钱、多存钱,让自己可以在10年以后在北京买一套房。也就是说,10年后在北京买套房的愿景,对这个人产生了非常强大的驱动力。对于企业来说也是一样的,如果企业给员工树立了非常好的愿景,就可以给他们带来很大的驱动力。

愿景除了能给企业带来驱动力以外,当企业面临困境和挫折的时候,还可以提高员工积极面对困境和挫折的能力。愿景越合适,员工面对挫折的能力就越强。

> 马云创业之初给阿里巴巴制定的愿景是10年之后,阿里巴巴的市值要达到50个亿。刚开始阿里巴巴的员工都不相信这个愿景能够实现,但是马云给员工做过思想工作以后,每一个人都对此愿景深信不疑。
>
> 阿里巴巴成立于1999年,2000年纳斯达克网络泡沫破裂,那时

> 候的互联网环境非常差,当时,阿里巴巴被称为互联网垃圾中的垃圾。很多人都说,如果阿里巴巴能够成功,就相当于把万吨邮轮从珠穆朗玛峰峰底抬到峰顶。受到整个互联网恶劣环境的影响,很快,成立不久的阿里巴巴连员工的工资都发不起了,马云便借钱发工资。比如阿里巴巴的员工一个月的工资是1500元,马云就向员工借1500元,然后再把借来的钱当作工资发给员工。

在这样的困境中,绝大多数员工都坚持了下来,很少有人选择离开。为什么这些员工可以接受在我们看来根本不可能接受的条件?这要归功于愿景,阿里巴巴的员工认同了50个亿的愿景,他们相信,阿里巴巴的未来一定会成功。实际上,很多企业和组织之所以能克服困难,甚至东山再起,愿景起到了相当大的作用。

那么,团队领导者应该如何做才能让愿景发挥作用呢?

首先,要让员工相信愿景。要想让愿景真正起作用,就要让每一个员工都相信这个愿景。如何让员工相信?第一,愿景必须具备客观性。愿景的客观性可以通过数据和案例支撑来体现。比如公司要制定一个五年后会达到某个高度的愿景,应该怎么做?首先,最好做个数据分析,无论是柱状图还是抛物线,只要能帮助公司清楚地分析数据。其次,考虑公司要采取什么样的战略、策略,能给员工什么样的支持。通过这些数据或案例证明五年后公司会达到这个高度,这样有根有据,才能让员工相信愿景的真实性。最好还要有成功案例,比如告诉大家公司以前处在一个什么样的恶劣环境之下,而现在又达到了哪个高度,让大家相信公司能在现有的环境之下做得更好。

其次,领导者要有人格魅力。有时候领导者在对愿景进行分析的时候,

没有数据支撑，也没有成功的案例，但是却很有人格魅力，也很容易让人相信，很有号召力。

史玉柱就是一个非常有人格魅力的人。史玉柱曾经一夜之间负债2.5个亿，在那种情况下，史玉柱对手下的员工说："你们如果还想跟着我干，我没有工资，我只管饭。"结果，手下的员工都义无反顾地跟着他继续干，这就体现了史玉柱的人格魅力。在史玉柱身上，有三种特别明显的特质，一是他是一个非常有能力的人。二是史玉柱很会做人，平日里和员工的感情基础非常好。三是史玉柱为人特别仗义，对钱看得不是很重，为人不抠门，有钱会和大家分，这一点正应了孔子"财聚则民散，财散则民聚"这句话。

一家软件公司的老总刚创业的时候没什么钱，在招聘的时候只能给低于行业平均水平的工资。但他却用低工资招到了优秀的人才，而且这些人才工作都非常积极、非常努力。他是怎么做到的呢？原来，他在面试的过程中发现对方很有能力，就会推心置腹地和对方谈话。他首先告诉对方，自己是一个什么样的人，公司是一个什么样的公司，将来发展的前景如何。谈完这些，再告诉对方，虽然现在的工资不高，但是只要努力工作，哪怕公司倒闭了，哪怕员工离职了，他也能保证员工的工资翻番。

再次，将企业愿景和员工个人愿景紧密联系起来。很多企业在做愿景的时候，做得非常不到位，只把愿景形容成老板或是高层的愿景，使得基层员工觉得公司的愿景和自己没有任何关系。这种"愿景"只是口号，不能称作愿景。公司的愿景必须和公司内每一个人的愿景都产生直接的联系，否则就无法起作用。比如，海底捞就是一家把公司愿景和个人愿景很好地联系在一起的企业。它有个愿景叫作"双手改变命运"，一是改变企业的命运，二是改变个人的命运。海底捞以服务好著称，是因为企业的愿景让大家认为，只要把工作做好，服务做好，就可以改变个人的命运。而个人的命运改变后，就同时改变了企业的命运。如果你的能力没有得到提高，职位没有上升，收入没有增加，就意味着你的个人命运没有改变，就谈不上改变企业的命运了。海底捞之所以有这么好的服务，并且能占据相当一部分市场份额，就在于它将企业的愿景和员工的愿景合二为一了。

最后，愿景要积少成多。什么意思呢？就是制定好愿景之后，领导者一定要让所有的员工感受到自己离愿景越来越近。怎么让员工感受到自己离愿景越来越近呢？这就需要企业获得里程碑式的成功，通过成功来增加大家的信心，让大家感觉到自己的确离愿景越来越近了。

第 4 节
为员工指明工作和职业方向

对于人的一生来说，重要的不是所站的位置，而是所朝的方向。对于任何一个团队成员来说，正确的方向至关重要。如果方向错了，努力的结果就会与当初的愿望背道而驰，当结果背离愿望的时候，员工就容易产生失望、沮丧等情绪，从而使他们的工作积极性大打折扣。同时，方向是否明确也很重要，明确的方向可以缩短员工的迷茫期。一般情况下，当员工看不清楚自己，甚至企业的前进方向时，他们就会迷茫，当员工迷茫的时候，他们就无法前行，只能原地踏步，这样一来，自然就无效率可言了。因此，作为领导者，一定要给员工指明方向。这一方向有两个：一是工作方向；二是职业方向。我们将在接下来的小节对此进行详细的阐述。

如何帮助下属找到工作方向

什么是工作方向？举例来说，假如一个员工初到一家公司，对这家公司的一切尚不了解，而领导也没有告诉他具体该干什么，这时候，他就会感到很迷茫，也许心里会想：把我招进公司，没人理也没人问，也不知道该做什么。在领导者没有明确地告诉员工职责之前，员工感到迷茫是很正常的。所以，对于刚入职的员工，领导者应该及时为他指明工作方向。比如，给他一堆资料，让他自己先了解他所在职位涉及的工作；然后指明一位有经验的员工带他，让他根据自己的工作内容具体操作一下；接下来让他把学到的东西总结一下；最后再对他的工作进行评估，提出需要改进的地方……领导者所做的这些，实际上就是在为团队成员指明工作方向。

在团队中，成员之间的工作方向往往因人而异，那么，领导者如何才能找到每个成员的工作方向呢？

第一，领导者要对员工有较深的了解，要清楚每个员工具备什么样的素质和能力。领导者可以对员工的素质和能力评一下优劣、分一下等级，比如是胜任，是优秀，还是一般。第二，对员工的能力等级有了一定的了解之后，还要知道他要做的工作需要具备哪些能力，员工的能力与工作中需要具备的能力之间的差距在哪里，然后有针对性地对员工进行培养；第三，领导者要积累员工的成长数据，从而知道他什么时候可能出现问题，会出现什么样的问题。那么，如何进行数据积累呢？比如一个初入职的员工成长为一名优秀的老员工，领导者要对这一过程仔细观察，进行详细的记录，并从中找出规律。一般来说，从一名新员工成长为一名优秀的老员工的过程中，有几个特定的时间点，比如入职三个月，入职六个月，入职十二个月……员工入职三个月时一般都会在两个方面感到迷茫，一是思想迷茫，看不到未来，看不到方向，觉得在这家公司继续做下去好像没有什么出路；二是技能迷茫，员工不知道怎么工作才能把工作做好。此时，领导者就要采取相应的措施，解决员工的迷茫。俗话说："磨刀不误砍柴工。"领导者对员工成长数据进行积累，并从中找到规律，可以减少管理成本，提高管理效率。

如何帮助下属找到职业方向

领导者在帮助员工解决了工作方向之后，还要给员工指明职业方向。职业方向指的是员工未来五年的发展方向。任何人想要在社会上取得成功，都必须要有自己的职业方向。孔子曾说"三十而立"，"立"的就是职业方向，确定了职业方向后还要进行长时间的能力积累。

有人问某家著名会计师事务所的总经理："一名刚毕业的财会本科生要用多长时间才能成为一家上市公司的财务总监？"这位总经理回答："12年。"如果一个财会本科生从毕业开始就立志要成为一家公司的总监，那么他就必须在12年里把财务的各项工作都做得非常好，才能保证在12年之后，有能力做到上市公司财务总监的位子。世界上绝大多数成功人士都是

沿一个方向进行了长时间的积累后才取得成功的，这也向我们展示了职业方向的重要性。职业方向可以提高人们的工作能力，增加技能的深度，实现对未来的预期。

那么，作为团队领导者，怎么帮助团队成员树立职业方向呢？一般有以下几个步骤：第一个步骤，一定要帮助手下的员工，让他们想清楚自己想要什么，最好帮助他做个五年规划。举一个例子，一个员工毕业之后进入了一家外资企业，但在这家企业工作了两年之后，越来越迷茫。领导发现之后就问他："你想想自己五年以后要达到什么样的状态才是自己比较满意的？"他当时回答不上来，领导就要求他想清楚自己想要什么，五年以后他最理想的状态是什么。这是树立职业方面的第一步，如果方向不清楚，那以后走的路可能会是错的，因此，第一步一定要走好。

第二个步骤，当团队成员想明白、弄清楚自己五年的规划后，领导者就要帮他分析一下，现在的他距离五年之后的目标差距在哪里。比如上例中的员工想了几天后告诉自己的领导："我五年后想自己开公司。"领导也许会问他："你五年之后要自己创业，需要具备哪些条件和能力？你的领导技能如何？眼光和视野如何？人脉如何？资金状况如何？现在的你具备哪些五年后创业必须具备的条件？缺少哪些条件？一一把这些罗列出来。"

第三个步骤，当团队成员明白了现在的自己距离目标的差距后，领导就要让其明白怎么做才能弥补这些差距。如此一来，他的职业方向就明确了。上例的员工按照领导的要求，用几天的时间详细地罗列出了自己五年后开公司必须具备的条件和能力，以及自己现在不具备的条件和能力，并且开始思考通过何种方式才能获得自己所需的条件和能力。

第四个步骤，团队成员的职业方向明确之后，领导者就要在符合公司利益的前提下,用公司现有的资源给员工提供帮助和辅导。对此,领导者要和员工进行推心置腹的详谈,如此才会皆大欢喜。

每一个员工都有追求自由与更好的生活的权利。作为领导者,既要考虑公司的赢利目标,又要顾及员工的个人发展,只有平衡好这两者的关系,求同存异,公司才能基业长青。否则,二者相互对立,将会对公司的发展产生极大的阻碍。

第三章
合理的架构——四步让团队各司其职

建立一个团队,首先要有人。领导者要知道团队需要哪些人,在选择团队成员的时候应着重考虑个人能力与团队任务的匹配度、成员之间的互补性,然后才是各自具体的职责。具体职责解决的是每个人要干什么的问题。除此之外,公司还要有具体的规章制度。一个团队要共同遵守哪些准则,每个人能干什么不能干什么,都要划分清楚,这样才能有效地工作。最后,团队中要有统一的思想。思想统一才能凝聚人心、步调一致。

第 1 节
架构混乱会带来什么样的后果

在一个企业中，如果团队架构混乱，往往会有下列现象出现：层级不清、角色模糊、多重指挥、职责不明、分配不公等。这些现象的出现会给企业带来灾难性的后果。

首先是层级不清。孔子说过一句话："君君，臣臣，父父，子子。"意思是当君主的要做君主应该做的事，当臣子的要做臣子应该做的事，当父亲的要做父亲应该做的事，当儿子的要做儿子应该做的事。这句话强调的就是层级的问题。如果皇帝做大臣应该做的事、父亲做儿子应该做的事，那么天下就乱套了。无论是国家还是公司，抑或是其他组织，若要高效运作，层级就必须清晰明确。以军队为例，在军队中，规定逐级负责，士兵向班长负责，班长向排长负责，排长向连长负责……如果军队的层级不清，比如一个司令手下有一万个士兵，如果这一万个士兵都直接向司令负责，那么师长、团长、连长就起不到作用，反之，如果这一万个士兵既向司令负责，又向师长、团长、连长负责，那么，这一万个士兵可能会被逼疯。

在很多民营企业中，层级不清的情况是比较常见的。

> 一对夫妻开办了一家公司，老板是总裁兼董事长，老板娘是财务总监。平时在家里老板娘说了算，开办公司以后，老板娘把在家里的强势带到公司中来了，本来应该老板说了算的事，老板娘却越权了，这样就形成了层级不清的现象。企业中一旦出现层级不清的情况，管理就会受到掣肘，命令就无法得到有效的执行。当企业还小、人员不多的时候，层级相对较少，这时，层级不清对企业的影响不是很大。但一旦企业发展壮大了以后，层级不清的现象可能会给企业造成难以估量的损害。

其次，是角色模糊。在某些企业中，领导和下属的关系很微妙，甚至领导还要被下属牵制，比如副总害怕市场总监。为什么呢？因为市场总监能力很强，他的个人产出可能占所辖部门的30%以上，所以副总对市场总监也会让三分，这种情况就属于角色模糊。我们知道，只要是架构合理的企业，其内部成员的角色一定是清晰的。如果下级没有向上级负责，或者是领导怕下属，那就表明这个团队成员之间的角色是模糊的。在企业中，角色模糊会使领导失去应有的权威，导致下属自行其是，不把上司放在眼里，使管理工作很难展开。

架构混乱除了导致层级不清、角色模糊外，还容易引发多重指挥的现象。多重指挥是指没有明确的领导者，同一个任务可能有几个领导过问。比如一个员工负责某项任务，可能有三四个领导过问。直接领导会问他："这个任务进展到什么程度了？"经理会对他说："这个任务不能那样做，要这样做……"老总也会对他指手画脚。结果，直接领导让他往东，经理让他往西，老总又让他往北。多重指挥造成员工无所适从，不知道到底该听谁的、该怎么做。

架构混乱还会导致责任不明。责任不明的情况在很多企业中也很常见，很多团队成员并不清楚自己的职责是什么，不知道自己什么该干，什么不该干，结果导致团队中出现各种不良状况，如员工之间的职责交叉重叠，做了很多重复的工作，反而该做的工作没有做，或有的员工干了很多工作，有的却闲得要命……也就是说，责任不明，会使整个团队的效率变低。

除了上面提到的几点，架构混乱还可能造成分配不公、赏罚不明等后果。比如有一家企业是兼并型的企业，老总是兼并企业的老总，副总是被兼并企业的老总，于是，这一企业可能会形成两个团体。企业在年终分配奖金和利益的时候，两个团体会发生争执。这就是明显的架构混乱所引起的。

综上所述，领导者进行具体的管理工作之前，合理的组织架构至关重要。接下来，我们将深入讲述如何对团队进行合理的架构。

第 2 节
团队架构步骤一：确定角色和人员组合

团队角色确定的原则

团队架构的第一步骤，就是确定角色和人员组合。团队角色确定的原则有三个重点：一是切合实际，在用人的时候，适合的才是最好的，要选择最符合岗位需求的人；二是能力互补，"尺有所短，寸有所长"，能力上的互补可以很大程度提升团队的效益；三是不养闲人，领导者要使员工的工作达到一定的饱和度，避免出现员工无所事事的情况。

切合实际

领导在确定团队角色的时候，要根据具体情况和资源来确定团队所需要的角色。如果脱离实际来确定角色，可能导致角色过多的情况出现。比如一个团队的任务不是特别复杂，人手也够，就没有必要分太多的层级。层级太多，不仅会加大团队的管理成本，而且会降低团队的效率。

确定角色要根据实际需要，就要做到不避亲、不任人唯亲。古人云："举贤不避亲。"在确定角色的时候，只要是适合团队的人，哪怕他是你的亲戚，也一样可以招入企业，不必避讳。不任人唯亲的意思是在用人的时候，虽然这个人和你的关系非常亲近，但却不适合团队，这样的人便不能用。现在很多家族企业最难克服的就是任人唯亲。比如，家族企业领导者的儿子刚毕业就到公司当副总了，这是不合理的，是把家庭角色带入了公司。在不任人唯亲这一点上，犹太人做得就比较好，他们的孩子若想进入家族企业，第一，必须是大学本科毕业，而且要有优异的成绩。第二，必须在非家族企业的公司中，打工满五年，而且有出色的表现。做到以上两点，才能应聘到家族企业，而且应聘的职位和打工时的职位是一样的，要一级一级往上熬，不能直接提拔到某一职位。

根据实际需要确定团队角色，就要排除学历的干扰，只看此人是否符合团队的实际情况。有很多团队领导在招人的时候，往往喜欢聘用一些学历比较高的、名牌大学毕业的、本科以上的人，这是角色确定的一个误区，属于舍本逐末。如果觉得本科生可以把公司的工作做好，就实在没有必要聘用一位研究生。

能力互补

一般来说，一个团队要想真正地发挥它的效力，就要考虑员工之间的能力互补。当一个团队面对的外界环境比较复杂、竞争比较激烈，而公司现有员工的某一项能力又不可能在短时间内培养起来时，领导者就要在招聘时聘用能力与现有员工互补的人，这样可以在短时间内使团队的效益最大化。比如，某个团队中有很多营销方面的高手，他们的销售能力都很强。但是这个团队还缺少另外一种能力，即处理客户投诉的能力。这时，领导者就要招聘一个能有效处理投诉的员工，与现有员工的能力进行互补。

一个优秀的团队一般来说必须具备四种能力：创新能力；分析能力；执行能力；协调能力。

首先，团队要具备创新能力，就要有创新型的人才。创新型的人思路比较活跃，擅于多向思维，可以帮领导者出谋划策。经过长时间的磨炼，创新型的人还可以在某一个领域成为专家。

其次，团队要具备分析能力和执行能力，就要有理性的人。因为理性的人擅于执行，执行力比较强；理性的人喜欢分析，思路比较清晰，分析能力比较强；理性的人不会感情用事，一般情况下能公事公办。

最后，团队要具备协调能力，就要有会处理关系的人。如果一个团队中有创新型的人，又有理性的人，时间长了就会产生矛盾。因为这两种人都是人才，相信大家都清楚，人才的毛病都比较多，时间长了，团队的凝聚力会下降，人心会散掉。所以，团队中除了创新和理性的人才外，还必须有会处理关系的人。这种人通常很热心，可能工作能力不比前两种人才，但是他们有协调能力，人缘较好，很会做人，比较大气，常会不遗余力地去帮助别人。

一个团队最好拥有以上三种人，这样团队的效率才会比较高。

> 历史上的唐太宗李世民手下有三大名臣，一个是房玄龄，此人擅于出谋划策，属于创新型的人；一个是杜如晦，此人擅于作决断，是理性的人；一个是魏征，六亲不认，也是理性的人；而李世民自己，是个擅于协调的人。当魏征发现问题后，房玄龄出谋划策，杜如晦作决断，决断以后，魏征再去执行，而李世民就在他们三人之间做协调工作。当时唐朝廷的行政效率非常高，这和君臣之间能力上的互补有很大关系。

团队也一样，不同类型成员间能力的互补是非常重要的，它可以提高团队效率，减少成员之间的摩擦，增强合作性。

不养闲人

目前，中国已经过了人口红利的阶段，企业也陷入人才短缺的境地，不得不花大力气来招聘人才，使得企业的人力成本上升。因此，如果企业能够不招人就不招，能少招就少招，绝不养闲人。要做到这点，领导就要清楚地了解团队的任务，使员工的工作达到饱和度。

很多国外的企业对员工工作饱和度的要求非常严格。比如某外企领导新招了一个下属，而这个下属被查到工作饱和度不够的话，他的上级就要承担其20%的工资。所以外企在招人的时候，都会先考核下属的工作饱和度够不够。怎么考核呢？如果招的是业务员，领导就会在他新入职的前五天对他进行监督。在领导监督的这五天，业务员肯定会很勤奋。五天后，领导就会算一下业务员在五天的时间中做了多少工作，按照这样的工作效率算出他一个月可以完成的工作量，然后再在一个月后，和业务员实际完成的工作量对比，就可以知道业务员的工作饱和度是否达标。

很多人都觉得外资企业好，实际上在很多外资企业工作比在内资企业工作累很多。为什么？因为外资企业经过多年的发展，已经把工作饱和度的每一个漏洞都堵死了，员工想哪天清闲一下，无异于做梦，尤其是在制造业。但为什么尽管工作很累，还有人愿意为这些企业死心塌地做贡献呢？有一家外资企业的员工说："我们领导特有魅力，对你严厉的时候就像黑脸包公一样；但是对你好的时候，不止对你好，还会对你的老爸、老妈、老婆、孩子都好，做得非常到位。比如中秋发月饼，如果你表现相当出色，部门经理就会让事业部老总专门给你的老爸老妈、岳父岳母送两盒月饼，亲自上门拜访，哪怕他们住在偏远的农村。"

能不能把员工的工作饱和度调到100%呢？这要看情况而定。凡是流水线的员工，工作饱和度达到95%，甚至98%都没有问题，因为这是可控的。但是在一个创作型的企业，比如开发行业、创新行业，这样的工作饱和度就不行了，因为员工没有空间了。一般来说，对于创作型的企业，工作饱和度达到80%就可以了，剩下的20%员工可以自由支配，可以有空间发挥自己。

团队中的八种角色

一个完美的团队，一定是由不同角色组成的，这些角色具有不同的性格和能力，领导者需要做的是用其所长，避其所短，通过角色分配来完善团队的功能。一般来说，团队需要以下八种角色：创新者、实干者、协调者、信息者、监督者、凝聚者、推进者和完美者。在团队中，这八种角色缺一不可，否则会影响团队的效率。当团队中缺乏某种角色时，领导者就要有意识地培养或进行调配。

角色一：创新者

任何团队在运作的过程当中都会遇到很多干扰因素。比如外界环境的变化，来自竞争对手的压力，内部冲突的出现……要想解决这些困难，排除干扰，就必须要有创新思维。现在很多团队用的管理方法和程序，可能是三五年前所用的，随着公司和团队的发展，这些管理方法和程序已经开始不适应团队当下的情况了，这时团队就必须进行创新。

若想创新，团队中就必须要有创新者。创新者最大的特点是能突破固有的思维。苹果公司前行政总裁史蒂夫·乔布斯就是一个创新意识非常强的人。我们在没有用到苹果智能手机之前，对手机的认识无外乎是打电话、发短信。而自从苹果在乔布斯的带领下开发了智能手机之后，手机便被赋予了非常多的功能。正是因为乔布斯的创新思维，才成就了苹果今日的辉煌，所以，任何一个团队、任何一个组织要想适应当下的变化，都不能缺少创新者。

有了创新者之后，要充分发挥他们的作用，还需要其他成员的配合。比如一个创新型的员工可能有很好的想法，但是这个想法是不成熟、不完整的，这时如果这个创新型的员工能和团队成员一起沟通，大家就会使这个想法变得完善，并赋予其实用性。团队成员之间的深入沟通，可以提高整体的创新能力，使创新的效率最大化。

角色二：实干者

任何一个团队，都不能缺少脚踏实地做事的员工，这样的员工一般被称为实干者。实干者身上具备这样几个优点：第一，对任何任务都有很强的分析能力，擅于把创意和团队的实际情况进行结合，使任务落地；第二，实干者韧性好，遇到困难或挫折的时候能够坚持下去；第三，实干者做事能够执行到位，比如要求他做到10分，他就会做到10分，不打任何折扣。团队中很多其他角色，在这一点上不如实干者。

俗话说得好："金无足赤，人无完人。"实干者也有缺点，他们往往非常现实，缺乏灵活性，对奇思妙想不大感兴趣，这无形中会阻碍团队的变革或革新。

角色三：协调者

一个团队的成功离不开大量沟通。在工作中，成员之间由于思路、想法和观念的不同，难免会产生矛盾和冲突。这时，就需要协调者来让大家统一思想，让工作可以继续进行。比如，团队针对一个问题提出了A、B两种解决方案，有人坚持A方案，有人坚持B方案，这时协调者就能结合A、B两种方案的优势，综合大家的意见和建议，推出C方案，而C方案正是为大家所接受的，这就是协调者协调能力的体现。协调者在团队中的作用至关重要，他擅于处理各种错综复杂的关系，能够消解成员之间的矛盾，让团队成员之间亲密无间，从而营造温馨、轻松的团队氛围。

但是，协调者的个人业务能力很一般，正所谓瑕不掩瑜，协调者的这一不足很容易被人们忽略，因为他总能把团队拧成一股绳，让大家和睦共事。

角色四：信息者

信息是和决策息息相关的，如果一个组织没有确切的信息来源，或信息的传递不够畅通，决策就很难做到准确无误。信息者在团队中起到的作用是高效地传递信息。一个企业、一个组织要想做到高效，其中很重要的一点就是信息的灵通和快速传递。举一个例子，如果在一个团队中，信息可以很顺畅地从基层员工反映到高层领导，就有利于高层领导作出正确的决策；而高层领导作出正确的决策之后，又能以最快的速度被传递到基层，这样，整个团队的执行效率就会非常高。在团队中，并不是所有人都擅于做信息者，有的人擅于工作但不擅于沟通，有的人擅于沟通但不擅于做具体的工作，信息者的重要价值就在这时体现了出来。

然而，信息者需要克服一个缺点，即做事三分钟热度，兴趣来得快，去得也快。

角色五：监督者

据研究，80%以上的人自律意识都不强。正因为如此，团队中才需要有一个人来监督大家，让团队可以保证效率，这就是监督者的作用。

监督者必须擅于扮黑脸，面对违反团队规则的人，他要不留情面地指出并责令其改正。团队中有的成员为人严肃谨慎、冷静理智，凡事讲求公平公正，批判能力强，不擅长开玩笑，和其他成员的关系不够密切，总是保持一定距离，这样的成员往往是监督者的最佳人选。

由于监督者的存在，团队的整体行为会往好的方向发展；反之，团队如果失去了监督者，整体行为就会趋向恶劣。一个良好的监督者，最起码要保证团队的行为不走下坡路，这就是监督者所起到的最本质作用。

好的监督者要坚持原则，不管外界给予多大的压力，都要坚持团队原则不动摇，老好人是绝对无法成为监督者的；监督者在行使自己职权的过程中，不能滥用权利，任何惩罚和决定都必须有根有据，要让人信服。

角色六：凝聚者

团队中的凝聚者往往是给其他成员提供最多帮助的人，他们乐观向上，愈挫愈勇，善解人意，擅长与人交往，具有老练的处事方法，能得到绝大多数人的喜欢，大家都愿意和他们一起工作。凝聚者灵活处理工作的态度可以激发团队成员的工作激情，提升团队的士气。当团队遇到困难和挫折，或人心浮动的时候，凝聚者能够让大家劲儿往一处使，直面苦难、克服困难。凝聚者最大的特点就是斗志昂扬，对一切充满希望，而且这一特点会在困难挫折面前表现得更加突出。

角色七：推进者

推进者属于行动派，他们的行动力超强，总是说干就干，做事干脆利落，从不拖泥带水，他们会推进团队向目标前进。推进者的工作热情少有人能比，而且具有很强的自发性和目的性，会想尽办法完成任务。但他们往往是急性子，讨厌拖延，对共事者的要求很高。同时，推进者也往往属于资源整合者，他们能整合各方面资源，让团队持续前进，实现既定目标。

但实际上，在团队管理的过程中，有很多推进者做得并不好。比如，有的推进者组织几个人成立了一个项目组，得到了相应的资金支持，但却没有采取任何推动措施，当起了甩手掌柜，这类推进者就是不合格的，或者说这类人不适合企业中的推进者这一角色。所以，在组建团队的过程中，领导者一定要选择适合的人，因为这是一个非常关键的角色。

角色八：完美者

团队在运作的过程中，需要不断提高效率。但有时，一些小问题会降低团队的效率，这时，要提高团队的效率，就要发现团队的问题，如果发现不了问题，就不可能变革，不可能创新，团队的效率也不可能得到提高。那么，什么样的人最容易发现团队的问题呢？答案就是完美者。完美者做事力求完美、注重细节。他们的字典中没有最好，只有更好。一个团队的效率再高，取得的成绩再好，完美者也能找出缺陷来。

团队有了完美者，才能发现其他人无法发现的问题，进而促进团队进行改正，使团队的效率越来越高。

只是，完美者凡事都喜欢亲自动手，不喜欢假手旁人，同时，他们又大多比较谨慎，缺乏冒险精神，很少做没有把握的事，因此，完美者不适合当领袖。

建立团队核心班子

中国古代有一句话叫"一朝天子一朝臣"，为什么这么说呢？原因之一就是新天子上位之后，和臣子之间要进行相互适应和协调。相互的适应和协调越好，其配合就越默契、行政效率就越高。但因为上一任大臣对上一任皇帝已经有适应性了，因此思维已经固化了，以至于很难适应新一朝天子，因此，便会被其他人取而代之。比如明朝的雍正皇帝很自律、很简朴，对臣子要求严格，而他的儿子乾隆皇帝却比较奢侈浪费、宽仁大度。能适应乾隆主政风格的雍正时期的大臣，会顺利转化为乾隆的臣子；那些不适应乾隆主政风格的，往往不是被淘汰掉，就是很难有所作为。

另外，一朝天子一朝臣还包涵核心班子的概念。在美国，总统在当选之后必须进行组阁。什么叫组阁？组阁就是建立自己的核心班子。总统会根据自己的政策、方向、思路，找来一批志同道合的人，这些人在一起就形成了他的核心班子。为什么这么做？因为他找的这些人都是适合他的，这有利于提高执行效率，也有利于达成目标。组阁如此，组建团队亦是如此。作为一名团队的领导者，要想提高团队的效率，就必须有自己的核心班子。

怎样才算有自己的核心班子？简而言之，就是要有自己的左膀右臂。柳传志说过一句话："搭班子，定战略，带队伍。"为什么要把搭班子放在最前面，把定战略、带队伍放在后面？因为只有把班子搭好了，才能把企业做好；班子搭不好，战略再好，人一变战略就会变。搭班子实际上指的就是找到自己的左膀右臂。

很多外资企业，如惠普、IBM等，都有一个要求，就是部门经理要升为总监，除了能力达标之外，必须找到一个能胜任他这个职位的人，才能升职。如果没有这样一个人，他是不能升职的。实际上这是在要求领导者在日常的工作当中要有自己的左膀右臂。

领导者有了左膀右臂，便能保证整个团队的效率。左膀右臂往往是培养出来的。如果一个领导手下有10个人，他能把这10个人都培养成自己左膀右臂，那是最好的，但这一点很难做到。那么，最起码他要真正培养出三四个人，这样才能保证团队的高效，才不会出现团队领导后继无人的状况。

管理者对自身角色的认知

在一个团队中，领导者需要认清自己的角色，一要做到不越位，二要做

到不唯我独尊。

越位,包括越权和越人。什么叫越权呢?就是领导者本没有作某个决定的权利,却作了某个决定。

在企业中,领导者越权现象时有发生。

> 有家上市公司的董事长觉得手下的一个部门总监表现得非常好,于是,除了年终奖之外,又自作主张地奖励了他一套苹果公司的产品,包括手机、电脑和iPad,这就是一个典型的越权行为。因为这家公司没有规定员工表现出色,就可以得到这样的奖励。董事长这一行为对公司造成了不好的后果。第二年,很多总监都觉得自己干得不错,不比去年获得特殊待遇的总监干得差。于是,他们除了期待年终奖外,都期待着拿一套苹果产品。但是这一年却只发了年终奖,这些总监都很失落。后来董事长发现情况不对,一了解才知道是怎么回事。因为这件事,这家企业还专门开了一个会议,制定了一系列标准,明确规定了不同标准的奖励措施。因为这个教训,董事长以后再没有出现过类似的越权行为。

对于自身的越权行为,很多领导者往往意识不到。比如有的高层领导是做财务出身的,那么他手下负责财务的中层就会倒霉。因为,他会经常跃过中层,直接去管出纳和财务。今天说这个账做得不对,明天说那个账做得不合理。时间长了,中层的工作会被严重干扰,甚至会被架空。因此,中层的很多职能就得不到发挥,难免就会做一些基层应该做的工作,而基层就只好做一些更简单的工作。这样一来,中层、基层的能力提升就会受到影响,公司的良性运转就会出现问题。

领导者除了自己不能越权外，也不能让下属越权。

> 比如有个下属，某天对你说："韩总，跟您说个事儿，我有一个客户特难缠，那就是个神人，要专业有专业，要谈判能力有谈判能力，我谈判水平跟他比起来根本不行。韩总，您的谈判水平比我高多了，也比他强，您看，要不您去谈？"他说到这儿，你一高兴，说："这事儿，我帮你干。"领导者这话一出口，就等于将自己的职位连降两级，角色也变了，等于从下属的上级变成了下属的下级。这时，下属往往会打蛇随棍上，跟你说："韩总，这件事很重要，您明天下午下班之前，一定要帮我做完。"第二天下午，他就会敲你的办公室门，问你："韩总，昨天那件事怎么样了？"要是你说"我忘了"，他马上就不高兴了："您怎么忘了？这件事很重要，下午五点半一定要完成！"如果这件事下午完成了，你也落不到好；如果没完成，责任就全在你了，因为你没有说到做到。

对于类似上面的角色问题怎么处理？有一个方法，当下属问你这件事该怎么做，而这件事又是他的本职工作时，你不要回答他，而是要反问他："你觉得这件事应该怎么做呢？"如果他说："我还没想好。"这时你要对他说："没想好你就过来问我？想到解决办法之后再过来，下次不要犯再这种错误，注意一下。"这样一来，就会很好地防止下属越权。

在企业中，领导者除了不能越权外，还不能越人。所谓越人，指不把上司放在眼里，将自己凌驾于上司之上。历朝历代，越人者的下场一般都很惨。

> 年羹尧是雍正年间的一位大将。有一次，雍正亲自去年羹尧的大营中犒劳将士们，喝完酒之后，雍正对将士们说："大家都坐吧。"结果没有一个人敢坐，所有将士都看着年羹尧。而年羹尧却故意拿架子，想显摆一下自己的重要性，故意让雍正说三次他才坐。他一坐，他的那帮将士也跟着坐下了。还有一件事，年羹尧每次进京，朝中大臣都蜂拥至年府拜访，让年府异常热闹，导致皇宫很冷清。如此种种，为年羹尧引来了杀身之祸，最终，他被雍正削官夺爵，列大罪92条，赐自尽。

作为领导者，除了要做到不越权、不越人外，还要注意不能唯我独尊。团队领导者在组建团队的时候，往往会犯一个错误，就是夸大自己的能力，觉得自己的能力比其他人都强。实际上这是一种错误的态度。为什么呢？因为既然组建了团队，就要清楚团队的一个核心理念就是群策群力，也就是你不一定是团队中产出最多的那个人，也不一定是各方面能力都最强的那个人。作为团队领导，要思考的是让团队中每一个成员的能力变得更加强大，对公司的贡献逐渐增加，而不只是让自己变得更加强大。只有如此，团队才会越来越强。

第 3 节
团队架构步骤二：职责清晰，分工明确

俗话说："一个和尚抬水喝，两个和尚挑水喝，三个和尚没水喝。"有些

团队常会出现这种"僧多不挑水"的现象,究其原因,是因为团队的职责不清晰,分工不明确。没有清晰的职责和明确的分工,就没有明确的责任;没有明确的责任,团队就会出现混乱,就会发生互相推诿、互相指责的现象。这种情况下,团队的执行结果是无法得到保证的,所以团队架构的第二步"职责清晰,分工明确"是非常关键的一点。

领导者和员工的主要职责

团队的日常管理中,常常会出现职责不清、分工不明的现象。任何一家公司,其高层、中层和基层的职责都是各不相同的。高层定方向、定战略;中层承上启下,把高层的想法结合自己部门的情况,落实到基层;基层在中层的领导下具体执行战略。但在实际工作中,高层可能有事儿没事儿掺和中层的工作,中层有事儿没事儿掺和基层的工作。层次一乱,事情就麻烦了,组织就很难良性运作下去。就如同一个家庭,老公是养家糊口的,去挣足够的钱是老公的职责。妻子负责持家,要想着怎么把老公挣的钱花到点子上,把孩子教育好,把家操持好,这就是妻子的职责。如果老公既在外面挣钱,又要回家教育孩子,还要操持家中的各种事情,妻子却什么都不做,这个家庭就很容易出现问题。公司也是如此。

又比如,几个人合伙做生意,首先要解决的是钱的问题,即赔钱的时候大家怎么办,挣钱的时候大家怎么分;每一个人的职责、分工是什么,谁负责销售,谁负责生产,谁负责物流。如果不把职责分清楚,三个创始人职责交叉,公司就没法做起来。最终只有一个结果:倒闭。这就是典型的职责不清、分工不明造成的。

职责清晰、分工明确如此重要，那么，领导者和员工到底应该承担哪些主要职责呢？

领导者的第一个主要职责，也是最主要的职责是指明方向，作为团队的领导者，要能根据团队的具体情况，找到发展的方向。第二个主要职责是要考虑如何使团队的整体效率最大化。要使团队的整体效率最大化，就要思考两个要素，一是能不能让每一个团队成员的绩效都很高；另外一个要素是如何把各方面效率都很高的人凝聚在一起，他们之间如何配合、如何互相协助才能使团队的效率最大化。第三个主要职责是团队领导要有可持续发展的眼光。保证团队成员的成长，培养每一个团队成员，让他们的能力越来越强，是领导者最根本的职责。

而作为员工，主要职责有三点。一是能够胜任自己的工作，而且能让自己的工作效率越来越高，这是员工最本质的职责；二是在团队遇到问题的时候，能够提供支持和帮助；三是能够向领导提供信息，这样才有利于团队作出正确的决策。

对职责进行管理的四个方法

作为一名团队领导者，如何对职责进行管理呢？

第一，了解公司及领导的期望。也就是做到什么程度，公司才会满意，领导才会满意。这就意味着你要在公司和领导的心目中找到你的职责边界。只有融合了公司和领导的期望，所制定的职责才是有效的，才能推动工作效率的提升。对公司、领导的期望了解得越透彻，所制定的工作职责就会越适合所在的企业和领导，就越有利于整合企业的资源，实现整体效率的最大化。

第二，了解团队的位置和主要任务。无论身居何职、身处何地，都摆脱不了所处的大环境。如果你是企业中的部门经理，那么，对你而言，这家企业就是一个大环境；如果你是一家公司的老总，那么这个社会就是一个大环境。你要想在所处的大环境中生存下去，就必须思考一个问题——如何整合大环境的资源。

团队领导要想整合大环境的资源，首先要找到自己所带团队在企业中的位置。位置找得越准确，越能适应这家企业，越能整合这家企业的资源，越有利于团队效率的提高。了解团队所处的位置，是一个可以有效地把团队和外部环境相统一的好方法。

除此之外，领导者还要了解所带团队的主要任务。要想了解团队的主要任务，就要了解公司的整个战略方向，要结合公司的战略方向来确立团队的任务，比如去年公司的战略重点是销售，而今年的战略重点是质量，那团队的任务也要随之做相应的调整。这有利于在工作当中整合更多资源，获得更多支持。

第三，了解作为一个团队领导的职责是什么。任何一个团队领导，若想要充分发挥自己的能力，就要充分了解自己的职责，做到在其位谋其政，不可推诿塞责，因为团队领导者的职责之一就是解决问题。要么离开企业，要么适应企业，要么改变企业。领导者的能力越强，责任心越强，就越可能把事情做好、把团队带好。

第四，让下属了解领导者的职责。时随境迁，下属的职责不是一成不变的。比如，一个团队领导最初只有 10 名下属。这 10 个人中的每一个人负责一片区域。随着企业制度、目标和战略的变化，下属的职责肯定也会随之变化。这时，团队领导应该重新对下属的职责进行界定。一般来说，职责界定

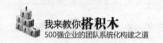

一年做一次即可，如果企业发展的速度很快，也可以半年做一次。

如果下属还有各自的部门，在其职责明确之后，还要明确不同部门之间的职责，就部门之间需要配合的问题达成共识。比如每一个人分别应该帮什么，互相之间应该怎样配合。达成的共识越深入、越透彻，部门之间的摩擦和冲突就越少。

第4节
团队架构步骤三：建章立制，令行禁止

"无规矩，不成方圆"，任何组织想要成长、发展和运作，都必须建立相应的规章制度。规章制度可以减少"人治"，防止管理的任意性，使管理者的行为有章可依、有法可循；能明确每个成员的权利、义务和责任，营造公平合理的氛围，减少纠纷发生的概率；能降低企业经营成本，提高企业运作效率，提高企业的竞争力。一个组织如果没有合理的规章制度，就会黑白不分、混乱不堪，无法健康长久地发展下去。

建章立制，明确三种规则

作为团队的领导者，建章立制主要建哪些章立哪些制呢？一般说来，建章立制指的是确立三个方面的规则：一是行为规则，二是合作规则，三是分配规则。

行为规则

什么是行为规则？行为规则是对团队成员的行为进行约束的规则，比如上班不能迟到，开会不能缺席，在办公室不能吸烟，上班要穿正装，集体活动的时候必须参加，等等，这些都属于行为规则。

历史上的刘邦和李自成都是农民起义的领袖，都是白手起家的人物。但是为什么刘邦获得了成功，而李自成却失败了？其中一个很重要的原因便是前者有明确的行为规则，而后者没有。

刘邦贪财好色，当他占领咸阳以后，见皇宫里美女成群、珠宝无数，就命令手下把珠宝和美女都往自己家里拉。但他妹夫樊哙却劝谏他。刘邦不听。樊哙见自己劝谏无用，就去找谋士张良。于是张良来见刘邦，问道："大王啊，你觉得是国家重要呢，还是这些金银珠宝重要呢？"刘邦答："当然是国家重要，得到了国家，美女和珠宝就都有了。"张良又说道："你现在将这些珠宝美女收入囊中，就失去了人心，人心一失，你就无法立国。"刘邦听了这番话后顿时醒悟了，于是他发布了安民告示，告示上说："父老苦秦苛法久矣，诽谤者族，偶语者弃市。吾与诸侯约，先入者王之，吾当王关中。与父老约法三章耳：杀人者死，伤人及盗抵罪。余悉除去秦法。诸吏人皆案堵如故。凡吾所以来，为父老除害，非有所侵暴，无恐！"在告示中，刘邦制定了一个规则，即约法三章：杀人者要处死，伤人者要抵罪，盗窃者要判罪！这三条在刘邦的军队中都得到了很好的执行，其手下没有在咸阳城四处抢珠宝、夺美女，因而深得当地的民心，为他一统天下奠定了坚实的基础。

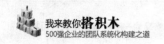

> 而一样是农民起义的李自成，在进入北京城后却没有好好地约束自己的手下，到处扰民，四处抢掠，最终失去民心，导致被清朝所败。

刘邦制定规则，约束自己和部下的行为，所以得了天下；李自成不讲规则，任由自己的属下肆意妄行，所以失了天下。这一得失之间，值得任何一个团队领导者深思。

合作规则

什么是合作规则呢？合作规则是指团队成员在一起共事、彼此合作时，应该遵守的规则。合作规则中有很重要的两点，第一是开诚布公、不搞帮派。

> 有一家企业兼并了另一家企业后，形成了两个帮派，一个是被兼并派，一个是兼并派。两个帮派斗得不亦乐乎，最后导致这家企业的总经理引咎辞职。于是公司指派了一个新的总经理。新官上任之后没有宣传什么制度和方法，只是开会，而开会的内容也只有一个，即要帮派斗争，还是不要帮派斗争。会开了两天，最后所有人都达成了共识，不要帮派斗争，并将其制定为公司的规则。但是不到一个月，就有人违反了规则，结果遭到了新任总经理的严厉处罚。团队成员自此开始认真对待这一规则。渐渐地，在总经理的不断努力下，这一规则被大家牢牢遵守，很快就起到了明显的作用：团队士气越来越高，彼此之间的合作性越来越强。

第二是不搞"一言堂"，彼此保持尊重。有的团队中，领导者比较强势，最后形成了"一言堂"的现象，就是领导说什么，底下人就赞同什么。这种情况不仅容易导致领导者决策的失误，还会影响员工的积极性。如何避免出现"一言堂"的现象呢？可以制定这样的规则：任何人在开会的时候，都可以和领导"吵架"，提出自己的意见或建议，但只要是在会议上制定的决策，每一个人在会后都必须执行。

有些领导除了"一言堂"的毛病外，还常常不尊重下属，动不动就声色俱厉，骂骂咧咧，随意贬低。这是没有素质的表现。一个人被称之为人，最起码要学会尊重他人的人格。在团队中，领导要尊重下属，同样，同事和同事之间，也要彼此尊重，不要老盯着同事的不足和失误，看不到同事的优点。

分配规则

用我们常说的一句话来形容分配规则就是按劳分配，即多劳多得，不劳则不得。如果一个团队分配规则制定得不好，出现干得多拿得少或干得少拿得多的现象，团队就会乱套。分配规则并不单单是指工资分配、奖金分配，或是福利分配，还包括任务分配和资源分配。

那么，团队的分配规则应该如何制定呢？

第一，分配规则要和任务相结合，任务越艰巨，分配的资源和完成任务后得到的奖励就应该越多，反之亦然。

第二，要根据员工能力的大小进行分配。可能有的员工看起来工作并不辛苦，但薪酬却很多。因为他有这个能力和水平，奖励是根据他的能力来进行分配的。

第三，在分配的时候，要公开化和透明化。如果每一个员工都知道通过努力工作能得到多少奖励或者是多少收获，工作积极性就会有所提高。但是现在很多企业或团队的分配规则过于隐蔽，没有相应的数据让员工知道为

什么这样分配。这就给员工造成一种领导觉得谁好就会多分配酬劳给谁的感觉,这时候往往就会出现这种现象:A觉得自己的工作非常努力,而得到的收入却没有B多,于是,A的工作积极性就被打击了;B也觉得自己的工作非常努力,而得到的收入却没有C多,于是,B的工作积极性也被打击了……

绝大多数团队都是因为利益而聚在一起的。追求利益是人之本性,因此,要想让大家提高积极性和主动性,一定要有明确、详细的分配规则。

令行禁止,确保制度执行

> 三国时期的曹操是我们大家都熟知的人物。有一次在行军时,路过一片麦田,他对部下说:"任何人都不得践踏百姓的庄稼,凡是触犯这一条的都要被斩首。"但是这项制度宣布不久,曹操自己的马受惊了,践踏了一大片麦田,曹操欲拔剑自刎,被他的手下劝阻。最后,曹操把自己的头发割掉了一束,用头发代替自己受罚。

实际上曹操的做法体现了对规章制度的重视。试想,曹操自己触犯了规章制度,都要"以发代首",更何况其他人呢!

制定了制度,就要严格地执行,这样才有利于团队的规范,保证团队往好的方向发展;如果制度形同虚设,团队就会纪律涣散。所以,在团队建立好规章制度后,一定要做到令行禁止,确保制度的执行。

实际上有很多团队领导在制度的执行上往往不够坚持,他们很好说话,员工某项工作做得不好,也不会追究责任。有一些领导却"严于律人,宽以待己""只许州官放火,不许百姓点灯",这都属于违反令行禁止的行为。

要做到令行禁止，领导和下属，老员工和新员工都必须同等对待，不管是谁，只要犯了错误，就要受到惩罚。正如古话所云："天子犯法与庶民同罪。"

在令行禁止这一点上，联想公司做得非常好。

> 联想集团原董事长柳传志制定了一个"开会迟到罚站"的规则，也就是如果没有提前请假，迟到者要当着所有人的面罚站。规则制定没几天，柳传志的一个老领导开会迟到了，当时大家都很尴尬，但柳传志还是按照规则规定，罚老领导站了一分钟。有一次柳传志去开会，因为电梯坏了被困很长时间，结果开会迟到了，虽然情况特殊，但是柳传志和大家一样，照样接受了惩罚。因为柳传志的以身作则、一视同仁，联想制定的规则、制度得到了彻底的贯彻实施。

而在很多企业里，领导者自己无视规章制度，却要求下属遵守，这样一来，所制定的规章制度就无法得到下属的认可，即使遵守，也是心不甘情不愿地被迫遵守，其效果可想而知。

某专家去给一家企业做咨询，他发现这家企业存在很多问题，比如上班不打卡、领导者常常不按规定时间上班等。一到月底，就有很多员工就自己为什么没有打卡、哪天没有打卡找经理签字。专家一看，有的员工竟然有七八天没有打卡。专家于是问领导："如果员工没打卡就来找你签字的话，公司的打卡机岂不是就没用了吗？"而总经理呢？也总是姗姗来迟，理由繁多：自己的工作比较忙，前一晚陪客户陪到很晚，加班加到很晚云云。领导者制定的规矩，如果自己都做不到，想让手下做到就太难了。所以一家公司的领导一定要以身作则。

作为领导者,要保证公司规章制度的令行禁止,还要做到一点:解除特权。什么是特权,就是我可以不做,但别人必须做到。很多企业都倡导平等,以此为原则。但是在具体执行的时候,领导却拥有太多特权。比如很多公司,领导有固定车位,有"小食堂"……所有这些特权,都严重违反了令行禁止。一个企业中领导所享受的特权越多,令行禁止的效果就越差。

第 5 节
团队架构步骤四:统一思想,凝心聚力

世界上没有两片完全相同的叶子,也不可能有两个完全一样的人。又因为每个人成长的环境、接触到的信息、个人经历不同,所以对于同一个问题往往有不同的想法。

对于团队而言,如果每一个人都有自己的思想,大家的思想没有一个聚集点,这个团队的凝聚力就会受到很大的影响,可能会出现"鸡同鸭讲"的情况,这无疑会降低团队效率。除此之外,如果成员的思想不统一,随着时间的积累,成员之间的冲突会越来越多,矛盾也会不断加深,这就很容易导致帮派的产生,企业内部的帮派斗争往往会增加内耗。所以,领导者在团队建设的过程中,要想使团队的凝聚力增强,就必须统一成员的思想。

建立统一的思想是一个非常复杂的过程,而且需要长时间的积累。那么,到底如何才能有效地统一团队成员的思想呢?

第一,确定团队的思想。要统一思想,先要有思想。作为团队领导,要

知道团队的思想是什么，即团队所倡导的是什么。想要确定团队的思想，领导者就要认真分析团队的愿景和使命，以此来确定团队的思想。

第二，团队思想要想真正起作用，就要找到员工和团队之间思想的融合点。比说如果员工希望自己在高尚的组织里，团队就要确立一些高尚的思想；如果员工都喜欢简单，那团队制定的思想也要简单，要远离帮派斗争。因此，团队领导要了解员工的思想，才能找到员工和团队之间思想的融合点。

第三，招适合的人。什么叫适合的人？就是所招的人的思想和企业的价值观统一。这样就减少了思想管理的成本。什么样的员工是好员工呢？一般有两个要素：一是看能力，二是看其价值观是否能和企业的价值观相融合。

第四，要塑造积极的思想。一般来说，人在对待工作时会有两种思想：积极思想和消极思想。领导者要努力调动团队的积极思想。

但是，很多的团队领导在管理团队的过程中，并没有塑造积极的思想，反而带来了消极的思想。比如，因为全球经济危机的影响，近几年的工作环境不是很好，经济状况很不稳定，导致很多领导对公司的前景没有信心，而且会在下属面前将这种情绪表露出来。当领导把消极的思想传递给下属后，这种消极思想就会在公司内部扩大蔓延，对公司的发展就会造成非常不利的影响。所以，团队的领导应该像太阳，走到哪里哪里亮，否则，很难塑造出积极的团队思想。

第五，在思想管理的过程中，团队领导要做到因人而异。不同的人有不同的特点，在塑造团队成员思想的时候，要结合他的特点，激发其思想中积极的一面。因此，领导就要先了解自己的团队成员，根据他们不同的个性来激发他们的积极性。比如有的人自律性很强，做事不用领导操心，就可以少管他；而有的人自律意识不强，对于这类员工，就需要多花心思。

第六,发展壮大团队思想。如何让团队思想在成员的脑中"生根发芽、发展壮大"?第一是重复。领导者要不断地重复团队的思想,让大家认同团队的思想。第二是表彰激励。对按团队思想行事的员工进行相应的表彰激励,以此推动团队思想往前发展。第三是证明思想的有效性。把团队的发展和取得的成果与团队思想进行结合,证明团队思想的有效性。

第七,对员工进行心理辅导。随着社会竞争、生活压力的加剧,员工越来越需要心理辅导,而领导有耐心地给员工进行相应的心理辅导,是当下的企业必须要做的工作。有的企业设有专门的心理咨询热线,如果员工思想上出现迷茫、困惑等,都可以通过热线进行咨询。实际上这也是在塑造员工积极的思想。

第四章
有效的管理——让团队有序运作

团队成功建立之后，领导就要思考一个问题——如何让团队运作有序？很多团队领导完全扮演着救火队队长的角色，团队经常出现问题，他们则花费大量时间"救火"，常常忙得不可开交。之所以会出现这种状况，往往是因为团队管理出现了很大的问题，导致团队混乱无序。在这一章，我们将从七个方面来阐述如何通过有效的团队管理来实现团队的有序运作。

第 1 节
领导者的自我管理

说到管理，团队领导首先要思考的是团队效率，团队效率的最终判定在于结果的产出。一个团队结果的产出，来自两个方面：第一是领导者自己的产出；第二是领导者影响他人的产出。这两个方面就涉及领导者的自我管理和领导者对下属的管理。

常见的五类团队领导者

一般来说，团队的领导者可以被分为五类：尽人之智的领导者；人格魅力很强的领导者；尽人之力的领导者；尽己之能的领导者；员工辱之的领导者。

尽人之智的领导者最大的特点就是擅于挖掘员工的潜力、特长，并加以利用。在管理界有一句话："专人所长，用人所长，天下尽可用之人；观人所短，用人所短，天下无可用之人。"举个例子，有一个非常出色的领导者，他是一家公司的老总，有30名直属下级。他针对这30名员工做了一本书，把每一个人的优缺点、个人习惯等，详细地记在了这本书中，而且每天都会

翻阅这本书。不仅如此，他还能记住公司所有员工的名字，哪怕是做保洁的阿姨。他的这种工作方式，实际上体现了尽人之智的领导者的一个重要特点：对每一个下属都有透彻的了解。这样的领导者管理企业通常都非常精细化、细节化，体现了很强的人文关怀。

管理的核心是改变：改变员工的思想，改变员工的行为。领导者要想真正改变一个员工，首先要了解这个员工，了解得越透彻，越清楚从什么方面来改变他，从而最大限度地挖掘发挥其所长。

对于拥有很强人格魅力的领导者，他们的魅力体现在很多方面，比如有魄力、有气概、个人能力超强，擅于带动鼓舞他人，处事公正无私……除此之外，判定一个领导者是不是有很强的人格魅力，还要看他有多少追随者。这些追随者就是愿意和他在企业的前进路上一同面对困难、共同进退的人。在中国的企业界有很多领导者属于这一类型，比如马云，他有"十八罗汉"；比如史玉柱，他有"四个火枪手"；比如柳传志，他有杨元庆和郭维……这些拥有很强人格魅力的领导，可以很容易地带动手下的员工努力工作，为公司创造奇迹。

尽人之力的领导者处事比较公平，带领的团队执行力非常强，可以让手下按他的要求把事情做好。但这样的领导者往往比较强势，会给员工带来很大的压力，使员工的个人空间变得越来越小。这样一来，员工反弹的力度就会很大，如果控制不好，可能会导致团队的分崩离析，以至于自己没有可用之人。除此之外，当团队面对复杂情况的时候，团队决策的准确度往往会受到影响。

尽己之能的领导者个人能力很强，只关注自己工作效率的提升，什么事都自己干，对手下不放心、不培养、不指导，更不会去主动了解，只是向手下发号施令。这种类型的团队领导者所带领的团队，成员的能力会越来越差，从而降低团队的整体绩效。有时候，公司好不容易招来一只"鹰"，在这类领导的"踩躏"之下，不到几个月"鹰"就变成"鸡"了。这种情况很常见，比如公司新招了一个大学生，这个大学生的积极性和自主性都很强，也很想表现自己，但领导者却不给他表现和发挥的平台。时间一长，他的能力可能会退化。

这种领导者不仅妨碍团队成员能力的提升，还会导致和团队成员之间关系的对立。因为他不相信下属，不给予下属锻炼能力的机会，导致下属对他也不信任，并且怀有不满情绪。时间一长，双方的矛盾就会不断增长，到最后往往互相对立；当对立到一定程度的时候，他和团队成员就会形成泾渭分明的两大阵营，这会造成团队的管理成本快速增长，而管理效力却急速降低。

员工辱之的领导者往往有两个特点：一是个人能力不强，二是处事不公。个人能力不强便很难被下属所信服和尊重，处事不公便会招致骂名。实际上，这样的领导者已经谈不上是领导者了，但在很多组织混乱的公司，这样的领导者不在少数。他们没有任何管理方法和套路，完全根据自己的喜好做管理，以至于整个团队连执行都很难保证，效率极低。

团队领导者应具备的四种思维

对于领导者而言，能正确地分析、思考并且解决问题至关重要。要做到这点，领导者必须具备一定的思维能力，因为领导者的主要工作是智力性的，需要运用科学的思维方法，最大限度地发挥思考的力量，探寻出事物的本质，从而有效地进行领导，实现团队的目标。

因此，领导者应该有意识地培养正确的思维方式、提升自己的思维品质,以应对工作中出现的各种挑战。领导者应该具备的思维有很多,我们会在接下来的内容中着重讲解四种思维,即多项思维、逻辑思维、未来思维和系统思维。

多向思维

多向思维是从尽可能多的角度去思考同一个问题的思维模式,它可以避免管理者的思路闭塞。

大家可能听过这个问题:树上有十只鸟,一枪打死一只,还剩几只鸟?一般人的回答是:"没有了。"因为打死一只,其他的鸟都飞走了。然而,如果我们从多项思维的角度来考虑,答案就有很多:如果打死的那只鸟没有掉下来,挂在树上了,树上就有一只鸟;如果打死的那只鸟是雄鸟,有只鸟是这只雄鸟的伴侣,看到伴侣死了,就打算殉情,没有飞走,那么树上就有两只鸟;如果死掉的这只鸟和其他九只鸟是一个团队,它死了,其他的不抛弃不放弃,为这只鸟默哀,那么树上就有十只鸟。

人在某一个环境待的时间长了,思维就会固化,一直用同一种方法去思考问题。团队领导也一样,在一家公司待的时间长了,往往思维往往会固化,以致错失良机。

> 微软公司为什么没有最先开发手机操作系统?因为当时微软的高管、工程师们都认为做操作平台还是要通过电脑,因为手机的CPU太低,不适合做操作平台。这种固定思维导致微软决策失误,以致竞争对手抢占了先机,给微软造成了巨大的损失。再如IBM公司,IBM的电脑是非常出名的,但IBM觉得自己是做电脑的,把电脑做好就可以

> 了，软件和芯片让别人做就好，于是把芯片包给了英特尔公司，把软件系统包给了微软公司。IBM的这种固定思维使其丧失了大量市场份额，甚至曾濒临倒闭，后来几经周折才改变现状。

所以，团队的管理者在思考问题的时候最好多向思考，不要使其思维固化，这样才能增加决策的正确性。

逻辑思维

逻辑思维是人们在认识过程中借助概念、判断、推理反映现实的思维，是一种确定的、前后连贯的、有条理的、有根据的思维。逻辑思维可以提升管理者决策和计划实施的可执行性和落地性。比如管理者突然有一个非常好的想法，如果他具有较好的逻辑思维，就会考虑以下问题：实现这个想法需要哪些条件？分为几个步骤？步骤之间的联系是什么？每一步要怎么做？什么时候做？……

运用逻辑思维考虑好事情之后，管理者最好和思维比较活跃、想法比较多的人沟通一下。因为一个人的想法往往不够成熟、不够全面，但如果和思维比较活跃的人进行沟通，就可以使想法变得更完善、更可行。之后，还要再找理性的人进行沟通，而且两者的顺序不能颠倒。如果先找理性的人沟通，往往会被泼冷水，导致好的想法"胎死腹中"。

未来思维

未来思维是领导者应该具备的一项非常重要的思维模式，它是指以动态的眼光来推测将来会出现什么样的情形的一种思维。

说到未来思维，我国在城市建设方面犯的很多错误，都和没有运用未来思维有直接关系。很多城市在扩张的时候需要修路，刚开始修路的时候，由于地方比较荒凉，可能只修了四车道。但是随着城市的快速发展，很快四车道已经不能满足城市交通的需要了，这时就需要扩宽道路。但这时，道路两旁边已经修建了很多房屋，要扩宽道路就必须拆房，会耗费很大的成本，造成浪费。既然如此，为什么不在修路时就以未来思维先想好解决的方法来避免可能出现的扩路问题呢？反观别的国家，修路的时候会在道路中间修建大量绿化带，如果这个地方发展起来了，需要扩路，就可以把绿化带拆掉，这样就减少了修路的成本，这就是典型的未来思维。

未来思维的一个核心是防微杜渐，即避免因为当下决策的失误对未来造成巨大的影响。在团队管理中，未来思维模式对管理者有很大帮助：它可以提供预警机制，让管理者处变不惊。

我们来看下面这个案例：

> 伊凡是公司重点软件项目的项目经理，就技术而言，他在行业内是数一数二的，唯一的缺点是不擅于沟通。在团队组建的初期，他招了六个专业工程师，这六个工程师也不擅于沟通。考虑到这点，伊凡便找来擅于沟通的老同学李刚，在李刚的推动和协调下，整个团队的运作非常高效。但是在项目运行到一半的时候，李刚家里出了变故，需要离开团队。
>
> 那么，李刚离开团队后，团队将会出现什么情况呢？因为大家形成了相对固定的思维模式，所以在短时间内不会有什么大问题。但随着工作的推进，伊凡和工程师之间的沟通可能会出现不顺畅的情况。

> 因为伊凡的表达能力较差,几个工程师也是如此,彼此很难理解对方的意图,所以工作效率就会降低,很难将工作顺利推进。
>
> 如果在最初的时候,伊凡运用未来思维,就会想到可能出现的情况,并且能够在情况没有产生之前,想好预防措施。

可见,领导者要有未来思维,对可能发生的情况采取必要的预防措施,不能做事后诸葛。

系统思维

我们在处理问题的时候,一般有两种方式:一是治标,二是治本。而系统思维是一种标本兼治的思维模式,这种思维模式对于一些复杂的问题非常有效。举个例子,现在社会上出现了一些医患之间的纠纷,要么是医生打患者,要么是患者打医生,甚至还出现了患者把医生杀了的恶性事件。对于这一问题,应该怎样解决?很多人可能会想到在医院加强防卫,而这一点国家已经在实行了,甲级医院都会有一个派出所,这种方式就属于治标。然而,治标并不能真正解决问题。为什么呢?因为医患纠纷根本来说是由两个原因导致的,第一个原因是中国的医疗资源不均衡。比如去北京协和医院看病,挂号可能要排半个小时的队。长时间无法看病,人们就容易产生焦虑等情绪,这样一来,出现冲突的概率就会增加。如果北京协和医院在全国开100家分院,而每个分院的医疗水平和北京协和医院是一样的,可能就不会出现很多人在同一个地方看病的情况。第二个原因是医疗保障体系不健全。现今中国有相当一部分患者都是没有钱看病的人,只有在全国医疗保障体系完善之后,才能从根本上解决医患冲突。既治标,又治本,这就是典型的系统思维。

作为团队领导者，在思考某一问题的时候，要考虑标本兼治。比如你让某个员工执行一项任务，但他不接受，面临这种情况要采取什么样的手段呢？首先要治标，对这样的员工，要对他进行相应的处罚。但是处罚能不能从根本上解决问题？不能。这时，就需要分析一下，这个员工为什么不愿意执行这项任务，是不是团队的氛围不够公平，干得多的，却不一定拿得多？如果是，就要着手解决这个问题，这就是治本。

团队领导者在处理任何问题的时候，都不要考虑得过于简单、过于片面。要双管齐下，既要治标，又治本。治标的速度很快，但是有可能今天治好了，明天还会犯；而治本，虽然速度很慢，但是一旦治好了，就不会再发生，会一劳永逸。

团队领导者应具备的五种能力

一个团队的领导者是整个队伍的顶梁柱，很多重要时刻需要领导者具备各种能力，才能让团队走向正确的道路，成为真正的"领头羊"。那么，一个团队的领导者应该具备哪些能力呢？

承诺力

什么是承诺力？就是作为领导者，自己许下的承诺要能兑现。如果领导者经常说了不算，或者朝令夕改，那他承诺力就很低，而员工对其信任度也会降低。当员工对领导者失去信任的时候，领导者就很难做好团队管理。

很多领导者往往会轻易许诺，因为他们对于问题的思考不够透彻，认为自己能够兑现承诺，但结果事与愿违，落得一身埋怨。所以，在管理的过程中，领导者在做出承诺之前都要经过深思熟虑。比如，团队领导者在制定目标的过程中，或者是在制订计划的时候，目标不能定得太高，一旦计划无法完成，你的承诺力就会下降。

除此之外，领导者可以通过一些容易兑现的小事来提高自己的承诺力。比如一个员工很优秀，你已经决定给他涨20%的工资了，这时你就可以兑现他涨工资这件事，通过一系列可以达到的承诺的不断兑现，可以很好地塑造领导者的承诺力，从而赢得下属的信任。

方向力

有些企业领导者经常游山玩水，待在公司的时间并不多。很多人觉得这样的领导不作为，但事实并非如此。作为企业的董事长或者总裁，他的主要职责是思考公司未来的方向，公司怎样才能走得更远。至于别的事，交给手下的人去办就可以了。领导者的思考方向对于团队也非常重要，如果方向把握不好，往往会使团队做很多无用功，甚至与最初的目标南辕北辙，这会给团队造成很大的打击。

团队领导者可以通过以下几个方法来提高方向力：第一，专注。对待团队中的各种事情，唯有专注，才能看清事物的本质。第二，开阔自己的视野。领导者要比下属看得远、想得深，就要不断开阔自己的视野。唯有如此，才可能培养出方向力。第三，做事要深思熟虑，思考要全面周到。思考得越全面、越深入，团队的方向就会越正确。

整合力

团队领导者的整合力主要体现在对资源和平台的整合能力上。

对资源的整合能力具体体现在对员工的支持力度上。对团队成员的支持力度越大，人格魅力就会越强。因为人都需要得到别人的帮助，在得到别人的帮助之后就容易对别人产生感激的情绪，自然会对提供帮助的人增加认可度，时间长了，这种认可就会成为人格魅力。

对平台的整合能力是指要给团队成员提供良好的平台，让每一个成员都能体现自己的能力和价值。

时间力

团队领导者对时间的利用效率一定要高。作为团队领导者，如果你对时间的利用率不高，就会导致团队的整体效率不高。那么，有哪些方法可以提高领导者的时间力呢？

第一，是时间记录法。你要把自己和团队一天所做的工作记录下来，然后再进行分析，看看哪些工作是可以被删除的，哪些是可以被优化的。分析之后，再去改变自己和团队在时间管理上的一些固有习惯。比如在开会时仔细观察会发现，如果团队成员在没有准备的情况下发言，前五分钟所说的内容可能言之有物，但之后所说的内容往往会和五分钟之前所讲的内容差不多。过了五分钟，如果你再让他说下去，就是浪费时间。所以，这时你需要规定：随机发言时每个人最多有五分钟的时间。领导者要在日常管理当中经常做诸如此类的观察，通过这样的观察来提高你和团队的时间管理能力，这将对团队效率的提升有非常大的帮助。

第二，创造安静的、不受干扰的环境。团队领导者在做一项复杂的工作时，如果没有安静的环境，思路就会经常被打断，注意力会被分散，心情也会变得烦躁，工作效率自然就会降低。所以，当任务复杂时，最好给自己找一个安静的、不受外界打搅的环境，这样才能利用有限的时间完成最多的工作。

学习力

　　学习力是打破以往固有思维，产生新思维，适应新的环境的重要能力。现在的社会是知识经济社会，知识的更新换代非常快，现在所会的知识如果不更新，不久之后就会跟不上时代。没有学习力，团队领导就很容易丧失适应能力；没有了适应能力，工作中往往会出现方向的偏差。当一个领导者不适应一个组织或者是不适应外界环境的时候，就是这个领导者要被淘汰的时候。所以学习力对每一个团队领导者都至关重要。

第 2 节
领导者对下属的管理

　　一个人的能力再强也有限，最好的办法就是培养更多的人成为强者，让团队多几根顶梁柱。

如何培养下属的能力

　　如果一个团队领导者手下有十个人，其中有三个人不能干，七个人能干，那这个团队还算过得去；如果十个人中五个人能干，五个人不能干，那么，对于团队领导者来说，就是很大的失职了。作为团队领导者，他的一个重要的职责就是培养下属的能力。那么，如何培养员工的能力呢？

第一步，建立岗位胜任力模型

要对员工进行培养，就要先知道需要什么样的人才，这一点明确之后，岗位胜任力模型就很容易制定了。通常岗位胜任力模型的制定有三个标准：第一是胜任的标准，第二是优秀的标准，第三是卓越的标准。然后，要分别在模型中一一列出胜任、优秀、卓越分别需要具备什么样的素质和技能。只有如此，才能对员工进行培养。

很多领导者不知道自己想要什么，只知道希望下属表现出色，却不知道什么样的表现才算优秀，心中没有一个度量衡。领导者没有清楚地知道什么才算优秀的员工，又怎么能拿一定的度量尺去"丈量"员工呢？

第二步，找到差距

领导者要找到下属和岗位胜任力标准之间的差距。比如你带领一个销售团队，并且制定了销售岗位胜任力的标准：脸皮厚；擅于沟通；擅于处理关系。你有一个下属销售业绩不好，但他既有沟通能力，脸皮也够厚，但处理关系的能力较差，这时，你就找到了他的不足之处，可以着重培养他处理关系的能力。

第三步，培养

找到差距、知道员工缺什么之后，就可以考虑为员工"补"什么了。所谓"补"，就是培养，一般来说，培养员工要先培养理论，后培养方法。很多领导者在培养员工的时候常常会犯一个错误,即只讲方法,不讲理论。他们会直接告诉下属该怎么去完成一项工作,却不告诉下属为什么这样做。如果没有理论,你的下属绝对不可能青出于蓝而胜于蓝。

> 举个例子,徒弟跟师傅学做豆腐,师父指着一个一米高的缸说:"这么大的缸点这么多的卤水,多一点不行少一点不行。"后来徒弟自己开了个豆腐坊,生意特别好,想扩大产量。于是他买了10个和原来一样大的缸,一个缸一个缸点卤水,跑来跑去,忙得不可开交。这就是只知道方法不知道理论的坏处。如果师傅告诉徒弟多少立方的水应该点多少卤水,徒弟也许就不用那么麻烦了。

作为管理者,在培养下属的时候,一定要把理论说明白。理论是基础,如果不了解原理,员工就只能知其然不知其所以然,很难培养出真正的能力。

第四步,转化

理论、方法这些东西对于被培养的人来说叫知识,但是知识不等于能力,还需要被转化,经过转化才能把外界的知识变成自己的。那么,要怎么转化呢?可以通过具体实践。任何理论和方法都要进行实践,否则,理论和方法就无法落地。但是在实践的时候要注意两点:一是要结合自己当下的情况,不能照搬照抄;二是要去"悟",思考自身哪里需要改变,哪里需要提升。

培养员工的悟性有两个方法:一是随时问他、启发他,让他习惯思考,时间一长,他就会举一反三;二是要求他总结出适合自己的一套规律或规则。这样，你的下属才可能青出于蓝而胜于蓝，才有可能超越你。

采取有效的激励

激励有不同的方法，有正激励、负激励，还有情感激励，这些方法都和人性有直接关系。人们都喜欢快乐，能让人感到快乐的事就可以被称作正激励。比如得到奖金、福利、房子、车子，获得别人的夸奖、赞美、鼓励。而让人感到痛苦的事情我们就称作负激励。比如迟到罚款，工作无法完成被扣奖金，因为工作失误被领导责骂、批评。那么，情感激励指的是什么呢？人是有情感的动物，都愿意和他人建立良好的情感，都喜欢和自己要好的朋友在一起，和他人之间的良好情感实际上就是一种情感激励。

正激励可以让员工的行为变得更加积极主动；负激励可以避免员工犯错；而情感激励则可以增加团队领导和团队成员之间的感情，激发团队成员工作的热情。

实际上激励的目的是激发员工的主动性，进而挖掘员工的潜力，促使员工把工作做得更好，这是激励最本质的意义。

正激励、负激励

团队领导者在激励下属的时候，正激励和负激励需要兼而有之。如果手段过于单一，便达不到激励的目的，可能还会适得其反。

如果对员工只实行正激励，往往会把员工宠坏。有的领导性格柔性有余而刚性不足，凡事都为员工着想，对于表现好、业绩好的员工，会对他另眼相待，甚至本该此员工去做的工作还要和他商量："这件事你要接手，你不做就没人能做了,离开你不行。"使得员工得意忘形,尾巴翘得高高的。时间一长,员工就会慢慢松懈,对工作缺乏激情。

所以,作为团队领导者,在员工表现好的时候要对他"抬一抬、压一压",怎么压呢?就是要提要求。比如,一个员工因工作优秀获得了1500元奖金,在给他奖金的时候就可以对他提点儿意见,告诉他工作中哪里需要改进和提高,这就是抬中有压。

反过来,只有负激励也会导致不良的后果。如果对员工只有处罚、压制和要求,时间一长,员工就会觉得很压抑,会产生不满、愤懑等情绪。

有的领导性格强硬,言辞犀利,总是骂员工,导致员工不是对他敬而远之,有话憋着不说,就是对他的批评等感到若无其事了。

> 有一个部门经理,很喜欢骂人,一遇到员工犯错,不管错误大小,就开始劈头盖脸地骂。一次,有一名员工上班迟到了,他当着其他所有员工的面,骂了那名员工足足有五分钟,把那个下属骂得狗血淋头。而这个下属在他骂的过程中一直低着头,在想什么呢?也许在想今天的工作怎么安排,中午吃点什么,晚上和女朋友去哪里逛街……等经理骂完了,他也想完了,至于经理骂了什么,他全然不知,只当经理发神经。结果,最倒霉的还是那个经理,气大伤身不说,员工还"油盐不进",费了无数唾沫最后得到一个"发神经"的评价。

那么,是不是做领导者的就不要批评下属呢?不是。如果下属犯了错,该批评就一定要批评,只有这样,才能让下属不再犯同样的错误。那么,怎样批评员工才能有效果呢?其实批评员工也有套路:骂人之前要先夸。先夸一夸他这段时间工作中比较突出的地方或他的优点;然后再根据他在工作中所犯的错误对他进行批评，点醒他不应该犯这类错误；之后再帮他分析犯错的原因，在以后的工作中应该怎样避免。

可见，要想让激励措施达到良好的效果，就要让正、负激励相互结合，不可只偏其一。

情感激励

有一句话叫"得人心者得天下"，情感激励实际上就是一种得人心的激励方法，而且往往能产生非常好的效果。很多卓越的领导者都在有意识地使用这种方法。

> 刘明是上海一家五星级酒店的董事长，他手下有一位年近60岁的财务总监，这位财务总监是国有企业的退休人员，专业能力非常强，而且他有一个特点：六亲不认。只要不符合公司规定，即使是老板本人也休想从公司的账上取走一分钱。而刘明这家酒店属于家族企业，公司中的一些职位被他的侄子、外甥和小舅子等占据，内部关系比较复杂。但由于财务总监能力强，又能够秉公办事，这让刘明非常放心。
>
> 一天，财务总监递交给刘明一份辞呈，说道："我现在都快60岁了，也不缺钱，每月有四千多元的退休金，老伴一个月也能拿到三千多元的退休金，在东莞还有三套房子、两个门店。儿子在美国，女儿在北京，工作都挺好，我已经不图什么了。我现在想到处旅旅游，带带孙子和外孙。"接到财务总监的辞职报告，可把刘明愁坏了。要怎么留住老人家呢？想来想去，还得采用情感攻势。老人家最缺什么？缺关怀，人在什么时候最需要关怀？生病、过节的时候。财务总监递交

> 辞呈不到一个月，因为秋天天气变化较大，得了重感冒。刘明一看机会来了，花三千多元买了一支野人参和一只乌鸡，让妻子早八点开始煲汤，一直煲到十一点半，然后一起去看望老人家。到老人家后，俩人像老人的儿女一样喂他喝汤，然后陪他说话。老人被深深感动了，对刘明说道："我不辞职了，我就在公司干下去。"刘明一想，老人家快60岁了，不该把生活重心全都放在工作上，就对老人说："这样吧，您看您的学生或朋友中有没有能胜任这份工作的，如果有就让他来接替您吧。"后来，老人家用了三个月时间将他一个优秀的学生挖到了刘明的公司，接替了自己的职位。

情愿激励也许用一次就能让别人记住一辈子，这叫作得人心。但是情感激励不能常用，要得人心，还需要用自己的真心去换。

怎么管理不同类型的下属

根据能力和意愿，领导者可以把自己的下属分成四类：无能力无意愿的下属；无能力有意愿的下属；有能力无意愿的下属；有能力有意愿的下属。

无能力无意愿的下属，踹一脚动一下，不踹永远不动。更可恨的是，这类下属中有的人不仅无能力无意愿，还唯恐天下不乱，别人的工作做得越差他心里越高兴。而且这类人的"破坏力"非常强，说严重点，就是"害群之马"，这样的成员会给团队带来很多麻烦。所以，对于这样的人，最好敬而远之。

无能力有意愿的下属虽然没能力，但是很守规矩，很讨领导欢心。对于这类下属，领导者要思考的是如何提高他们的能力，让他们能真正地对团队有所贡献。

有能力无意愿的下属虽然很有能力，但却不愿意付出自己的精力。对于这类下属，领导者就要根据实际情况分析一下，是什么原因导致这类下属不愿意为公司出力，是团队分配不公？没有得到足够的重视？觉得岗位不适合自己？领导者都要好好分析一下。

对于既有能力又有意愿的下属，领导者要思考的就是如何让这类下属一直保持这种状态。

那么，对于这四类下属，领导者应该怎么管理呢？

对于第一类无能力无意愿的下属，治标的方法就是要狠，要严管。如果对这种人听之任之，他不仅做不好自身的工作，还会影响很多人。因此，一定要盯紧地，让他日日汇报自己所做的工作，稍好一点儿的下属可以一周报告一次。

治本的方法，就是先培养他的意愿，再培养他的技能。要培养他的意愿就要进行价值观的培训，通俗来说就是"洗脑"。一家著名的企业，在新员工入职后，会进行半个月的价值观培训，先介绍企业的文化，然后再告诉新员工企业有什么样的规则，应该怎么做才能成为合格的员工。为了激发员工的工作意愿，他们还专门开发了一个游戏软件，员工只要能通关就算合格。而员工要通关就必须对公司的文化、价值观、理念和制度等了如指掌。

意愿培养非常重要，如果员工认为在这家公司值得自己付出，他对工作的投入度和热情度就会增加，随之工作的意愿也会增加，这样一来，工作的动力就会非常大。

所以，对于第一类员工，先要培养他的意愿，有意愿之后，再对其进行技能的培养。

被转化后的第一类员工就会成为我们前面所说的第二类员工，即无能力有意愿的员工。那么，如何培养员工的能力？在"培养下属能力"一节中，我们曾有过详细的论述。能力的培养不是一蹴而就的事，需要长时间的积累，领导者在培养员工的过程中要有耐心，不能急躁。

对于有能力无意愿的员工，领导者要和他们进行深入的沟通，倾听他们的想法，找到真正的原因，然后对症下药。比如，因为员工对领导者不服，导致他有能力却无意愿工作，针对这种情况，就要想办法树立领导者的威信，或发挥领导者的人格魅力，让员工信服。

对于既有能力又有意愿的员工，要做到两个字：授权。领导者的授权可以使这类员工的能力越来越强，工作意愿越来越高。团队中第四类员工越多，整体的效力就越高。如果领导者把手下的员工都成功地培养成为这类员工，那么领导者没事儿就可以喝喝茶、休息休息了，工作起来也会游刃有余。

第 3 节
团队目标管理

目标管理最早的推动者是现代管理学大师彼得·德鲁克。目前，目标管理在企业管理中已经非常普遍了。那么，我们为什么要树立目标？目标管理

有什么好处？领导者应该如何进行目标管理，顺利实现团队目标呢？

目标管理之本

目标管理的最终目的是为了达成目标。那么，树立目标有什么好处呢？

第一，聚焦。有了目标，大家才能聚焦，把注意力都集中到特定的目标上。而聚焦之后，团队才能把复杂的事情做好。比如买房子，这是一件需要深思熟虑、重点关注的事，而且不是一件简单的事，对于复杂的事，先定目标，然后将精力集中到这一件事之上，无形中效率就会增加，目标实现的可能性就越大。

第二，挖掘潜力。挖掘谁的潜力呢？自然是挖掘团队和员工的潜力。因为人一旦有了目标，就会感受到一定的压力，而一定的压力可以促使员工挖掘自己的潜力去达成目标。如果没有目标作为引导，潜力往往很难被挖掘出来。

第三，明确方向。有了目标以后，也就有了方向，这就可以减少团队和个人的迷茫期，使大家一步一个脚印地朝着目标前进。有一个形容词可以很好地形容目标的作用——指南针，如果你要去北方，你的目标就应指向北。很多人在探险的时候之所以会迷路，就是因为没有指南针，而团队之所以会迷路，多是因为缺乏目标。

迈开你的步伐，达成你的目标

团队需要如何做才能又快又好地达成目标呢？大家可以参照以下几个步

骤：第一步，制定目标；第二步，目标沟通；第三步，目标承诺；第四步，资源配置；第五步，目标分解；第六步，目标的日常跟进。

制定目标

每个企业的情况不尽相同，领导者要根据企业的具体情况制定团队的目标。制定目标时要注意，目标的制定一定要清晰明确，一就是一，二就是二，不能含糊其词。比如，如果规定团队的目标是创收1000万~1200万，这就是含糊其词的目标，不清晰，不准确，起不到目标的作用。

除此之外，目标的制定要和绩效挂钩。这时领导者就应该制定一个明确的衡量标准，比如，根据目标的完成度不同划分级别，90%以下为没达成目标，90%算中度达成目标，100%算达成目标，超过100%为超额达成目标，而针对不同的完成度有不同的奖惩措施。

在制定目标的时候还要注意目标的说服性和可接受性。很多领导者会有一个错误的认知，觉得目标定得越高越好。实际上并非如此，目标的制定要考虑团队和公司的实际状况。一般来说，如果是中小企业，每年增加10%的利润是能够达成的；如果是大型企业，每年增加10%的利润，就比较难实现。

国内的很多企业，在制定目标的时候一般是以年为单位。每年的12月31日结算，第二年1月份制定目标，2月份开始讨论，3月份得出计划并开始执行，6~8月进入状态。

但国外的企业不是这样的，他们的结算期不是12月份，而是3月或者4月。这样有一个好处，避免了春节假期的耽误，如果4月份是结算期，会提前在2月份就把目标制定出来，在2~4月把沟通做好，4月份结算期一到，

从 4 月 1 日起就直接进入执行阶段。这样可以减少时间的浪费。

目标沟通

目标沟通包括两个方面：一是和上级领导沟通；二是和手下沟通。那么，应该怎样和上级领导沟通呢？比如，上级领导说，今年的目标是比去年多赢利 20%。也许员工听了会有压力，第一个反应往往是这一目标能不能降低一点儿，如果把自己的想法直接和上级领导说，往往双方很难达成协议。所以，当领导提出目标后，可以让员工自己好好思考一下自己手里有什么资源，缺少什么，要怎样才能达到目标，做到心中有数。分析完了以后再找领导沟通，希望降低目标的时候领导就可以帮他分析，其实这个目标是可以达成的，问他具体的计划；如果要达成目标，在资金或资源上需要哪些帮助。俗话说："会哭的孩子有奶吃。"这时候，领导要引导员工真实地说出自己的想法，不要把问题留到后面，以致无法解决。

如何和手下沟通？其实，和手下进行沟通的过程就是说服手下的过程。如果你既有领导的支持，又心中有数，就很容易说服你的手下；如果你没有领导的支持，心中也没数，就很难说服你的手下。为什么要说服手下呢？因为不管什么目标，要想实现完成，都离不开手下的支持，都需要大家一起去努力。只有和手下达成共识，才能得到他们的大力支持，才能挖掘出他们的潜力，最终实现目标。

目标承诺

目标沟通是为了帮助员工分析目标是合理的，是可执行的，从而得到员工的认同。而目标承诺又是什么呢？是让员工向你承诺，承诺他会按照目标开展工作。目标沟通和目标承诺解决的是心齐的问题,只有心齐才能做好后续的工作。

我们在执行目标的过程中,难免会遇到困难,人们在面对困难的时候一般会有两种态度:第一种叫知难而退,第二种叫迎难而上。目标承诺的目的就是把每一个人的后路给堵死,切断后路,迫使员工勇往直前。而领导者在日常的目标管理过程当中,就要得到员工的承诺,并且是书面承诺。

> 一家台湾企业在 2009 年制定公司营收目标的时候,决定比上一年增加 20%,所有大区经理都不愿意接受,都认为在金融危机时期,还要将营收目标增加 20% 是不可能的,也许能完成 2008 年的实际营收就不错了!最后董事长和市场总监商量了一下,决定请大家喝酒。
>
> 当大家都喝得差不多的时候,董事长跟其中一个大区经理说道:"王经理,你有魄力、有能力,我敬你。"三杯下去,这个大区经理有点儿晕了,这个时候董事长问道:"你今年的目标是多少啊?"这个大区经理说:"公司预备是 1.2 个亿,我觉得完成不了。"董事长脸色很不好看:"完成不了,刚才还夸你呢,现在跟女人一样,你还算不算爷们?"这时候,这个大区经理一想,反正喝酒时说的话,酒后也不算数,于是痛快地说:"行!1.2 亿就 1.2 亿吧。"刚说完,不知道总监从哪里掏出两张承诺书:"签吧。"这种情况下,这个大区经理只好签字了。而其他的大区经理,见有人签了,也就跟着签了。总监把签好的承诺书留下来一份做公司备案之用,另外一份都交给了各大区经理,让他们贴在自己的床头上提醒自己。第二天,各位大区经理醒来一看:"糟了,昨晚签了 1.2 个亿!"知道自己没退路了,只好跟下

> 属说:"我告诉你们,今年公司的营收目标是1.2个亿,不要跟我谈要求,要想办法完成,不能完成也要完成,不要问为什么。"

大家知道那家企业到年底的时候,目标达成率是多少吗?达到了102.6%!所以,千万不要小看承诺这东西。在婚姻中,有承诺的婚姻比没承诺的婚姻持续得更久。现在中国的离婚率很高,那要怎么降低离婚率呢?在追女孩子的时候,尽可能多地和她的亲戚朋友见面,而且见面的次数越多越好。见面以后,要多谈你们之间的感情如何如何好,越肉麻越好。在结婚的时候,把你们怎么认识的,爱情宣言是什么,结婚宣言是什么,日后相处的规则,都写在纸上,让亲朋好友充当婚姻的鉴定人,然后在纸上签字。据统计,这样做会让夫妻间的离婚率降低40%左右,这就是典型的承诺法。一旦做出承诺,后路就被堵死了,即使有时候想离婚,也不好意思说出口。同样道理,在目标管理中,做出了承诺就意味着要承担这份责任。人皆爱面子,为了保住面子,只好拼命去实现目标。

资源整合

资源整合包括两方面,一方面是软资源整合;一方面是硬资源整合。软资源整合是指什么呢?就是问题和相应的解决方法。而硬资源整合指的是人、财、物的配置。我们一般把软资源整合放到硬资源整合的前面,是因为先把问题和相应的解决方法想透彻了之后再去配置硬资源,效率才会比较高。如果直接配置硬资源,却没有一个很好的方法,就会出现配置的资源要么不够,要么过多的现象。

实际上有很多领导者在做目标管理的时候,并没有提前想好问题的解决方案，结果导致了资源的大量浪费。比如一个销售部门今年的销售目标是10个亿，领导者一开始并没有想好如何达到这个目标，那么，为了达成目标，领导者接下来会怎么做呢？领导常会采用促销、打折的方式把价格压低，以此吸引更多消费者，从而实现10个亿的销售额。但是很多时候却是得不偿失，销量是上去了，但公司的实际利润却并没有上去，白白在这个过程中浪费了大量的人力和物力。

硬资源的整合，主要指是人、财、物的配置。要实现目标，团队需要多少人，需要多少财和物，领导都要考虑清楚。在目标执行之前，就要把人力、物力和财力安排到位，避免出现在目标执行过程中，人、财、物跟不上的情况。很多企业在制定目标的时候，财和物方面做得相对到位，但是在人这一方面往往做得不是很到位。结果，在企业效益好但人力不够的时候临时抱佛脚，但就是没有合适的人来担任相应的职位，这时，人就成了制约目标达成的一个阻力。

在资源配置的时候，团队领导要注意一点，能力比较强的员工，一般来说分到的目标会比较多，任务会比较重，这时，就需要给他相应分配较多的硬资源，避免出现目标少的员工享有较多资源，目标多的员工资源不足的现象，这是避免资源浪费中很重要的一点。

目标分解

> 一个社会学家做了一个测试：他让三个小组去同一个村庄。在各小组出发之前，他分别对不同的小组说了不同的话，他对第一个小组的组员们说："你们顺着这条路往前走十公里就可以到达目的地了。"

对第二个小组的组员说:"前面十公里远的地方有一个村子,这个村子以各种特色小吃闻名,你们到了那个地方后,绝对会收获大于付出。"然后,他告诉第三个小组的组员们:"前面十公里远的地方有一个村子,村子里的各种小吃非常美味,你们到了之后绝不会后悔,在这十公里的路程中,每一公里都有一个界碑,上面写着具体的公里数。"

于是,三个小组出发了,第一个小组走了两公里的时候,每个人都觉得累了,大家心里想:"为什么要去那个地方啊?去那个地方干什么啊?大热天走十公里,多辛苦啊。"于是这帮人走走停停,十公里的路走了四个小时左右。

第二个小组在刚开始都觉得那个地方有好吃的,于是很受鼓舞,但走了五公里之后,都懈怠下来,于是走走停停,走了三小时左右才到目的地,比第一组提前一个小时。

第三组的人在走了一公里后,看到了写着"一公里"的界碑,想到还差九公里就能享受到美味了,于是继续前进,再走一公里,看到了写着"两公里"的界碑,感觉离目标又近了一些,于是继续走……就这样,第三组只用了一个半小时就到达了目的地,效率比第二组高了一倍。

通过这个案例可以看出,虽然三个小组的目标相同,但第二组因为受到了激励,所以比第一组的效率高,而第三组不仅受到了激励,社会学家还帮助他们做了目标分解,所以效率远高于前两组。由此可见,对目标进行分解,能极大地提高团队的工作效率。

那么,如何进行目标分解呢?举个例子,假设一个销售团队在2013年的销售总目标是 1200 万，领导者可以把总目标分解到每一个月。因为 2 月、5 月、6 月、9 月和 10 月是销售旺季，于是，这几个月的月销售目标可以定高一些，为 140 万。其他几个月是淡季，每月的目标就要定低一些，为 72 万。如果在 5 月份旺季期间，团队超额完成目标，为 150 万，大家高兴之余就要考虑：多完成的 10 万是怎么来的。如果可以借鉴，其他月份就要采纳这一方式，这样可以保证全年有一个好的结果。但是如果 5 月份只完成了 120 万，比既定目标少了 20 万，就一定要找出这 20 万少在哪里，把在达成目标的过程中做得不对的地方找出来进行更正，避免下个月再出现同样的情况。

目标分解可以及时发现在目标执行过程中有利于实现目标的因素，以及不利于实现目标的因素，还可以让大家看到目标执行的进度，起到鼓舞、督促的作用。

目标的日常跟进

目标的日常跟进包括三个方面：第一个方面是监督，即看看有没有按照目标的要求做到位，如果在监督的过程中发现有更好的方式，要及时去调整，然后在整个团队中推广；第二个方面是改进，发现问题后要及时改正，并进行公示，避免其他团队或团队成员犯同样的错误；第三个方面就是调整，根据你日常跟进发现的一些信息和外界环境的变化，对目标做相应的调整。

实际上，执行目标的过程并不是一条直线，而是一条曲线，我们跟进的目的就是按照设定好的方向，一步一步地靠近，进而实现总目标，不发生太大的偏离。

第 4 节
团队决策管理

对团队决策进行管理可以提高整个团队的决策质量，因为团队的运作模式是群策群力，所以要求团队中每一个成员都要参与决策。当外界的环境比较复杂、任务比较艰巨的时候，团队想要作出正确的决策往往比较困难。为了降低作出正确决策的难度，团队领导者要懂得一些决策管理方面的知识。下面我们会重点讲一下正确决策的步骤、决策中应该注意的事项，以及保证决策效果的方法。

团队正确决策的注意事项

决策对于企业来说是非常关键的，它甚至可以决定企业的生死荣辱。这里有一个关于诺基亚的典型案例。

> 在2011年第三季度，诺基亚手机的销售额在全球排在第一位。而到了2012年，诺基亚手机的销售额急剧下降。到底是哪里出了问题呢？原来是诺基亚的决策出了问题。当苹果公司推出第一款智能机的时候，诺基亚的反应过于迟钝，没有制定详细的智能机发展战略，而是固守自己以往的销售策略，但事实和时间证明了这是一个失误的决策。而另一个失误的决策是诺基亚的手机操作系统的开发严重滞后，以致被后起之秀打败。

由上可知，作出正确的决策是多么的重要。那么，作为团队领导者，要作出正确的决策，应该注意哪些事项呢？第一，团队领导者要确定问题是经常发生还是偶尔发生。之所以要注意这点，是因为决策和问题是直接挂钩的，有了问题我们才能作出相应的决策。所以在面对问题时，领导者不要急于作出决策，要先分析一下这个问题是经常发生还是偶尔发生。如果经常发生，则需要做深入的研究，找出问题发生的真正原因，然后制定决策方案，确保这个方案能彻底地解决问题。如果是偶尔发生，往往没有必要深入调查研究，可以快速作出决策。

第二，团队领导要思考这样一个问题：你想要的结果是什么？也就是——你想通过这个决策得到什么？什么样的状况是你最想看到、最希望看到的？这就相当于明确了决策目标。做好这一点可以增加团队在决策执行过程中的韧劲和耐力。

第三，团队领导要设想一下：决策后最差的结果是什么？相应的补救措施是什么？如果决策失败了，出现了某种结果，你能不能承担得起？该怎么解决？实际上有很多企业的决策过于武断，只明确了自己想要的结果，但却没有防备其他情况的出现。

设想决策之后最差的结果，可以提高团队对决策执行结果的忍耐度。任何决策都是有风险的，并不是领导者作了决策之后，一定会出现好的结果。如果决策失败，出现不好的结果，身为团队领导者，要能接受这样不好的结果。在日常工作中，失败并不是最可怕的，因为失败可以证明这个决策是错误的，避免以后犯同样的错误，这就为将来作正确的决策奠定了良好的基础。很多团队在决策执行之前都很支持这项决策，但一旦失败了之后，所有的人都说这个决策怎么怎么不好，把问题归罪于决策者。实际上，这是一种

不光明的做法。

第四，决策后要有足够的决心。经过前面的几步，我们已经对决策有了比较深入的了解，除此之外，作为团队领导者，对决策还要有足够的决心。因为决策的决心和决策的执行有直接关系，如果决心不够，往往执行就会打折扣，有可能会出现本来决策非常好、非常英明，但是没有取得良好的效果。如何才能有足够的决心呢？团队领导作出决策后，要和下属进行深入的沟通，这样可以增加自己和团队成员对决策执行的信心，如此，对决策的执行效率有很大的帮助。

团队正确决策的三大步骤

决策是有一定套路的，为了保证团队作出正确的决策，这里和大家分享一种实用的决策方法，这个方法分为三步：第一步，发现并识别问题；第二步，确定决策的要素；第三步，寻找、比较、确定决策方案。

第一步，发现并识别问题

决策来源于问题，任何决策都和问题直接相关，如果发现不了问题，就谈不上作决策。也许你会说，你的部门没问题，各方面都很好。那么，你敢说你的部门是全中国最优秀的吗？不敢吧。如果是真的没问题，它就应该是全中国，乃至全世界最好的部门。既然不是，那它肯定存在问题，只是你没有发现而已。如何发现问题？第一，专注。一个团队领导者没有发现问题，往往说明他不够专注，对工作的关注度不够。第二，要琢磨。越琢磨越容易发现问题，不琢磨，就可能什么都发现不了。

作为团队领导者，当发现了问题以后，还要识别问题，即思考这个问题应不应该解决。问题不一定非要解决，因为有些问题解决之后不一定是好事，不解决也不一定是坏事。

> 有一家美资企业是从事物流的，负责沃尔玛、家乐福和麦德龙等企业的物流。它的物流系统是 2002 年开始使用的，到现在已经十多年了，领导者觉得用了这么久的物流系统太老了，所以建议总部更换新的物流系统。总部考虑之后，认为换个新的物流系统需要五百万美元，而公司的年利润是三五个亿，公司的资金可以承担，就同意换了。结果，换物流系统导致这家企业损失了足足两个亿。因为物流系统一更换，就造成全球物流的混乱，导致大量客户索赔，最后这家公司的 CEO 引咎辞职。

所以，在发现问题之后，还要会识别问题，看看这一问题有没有必要解决。因为发现问题和解决问题是两码事。发现问题之后不一定非要去解决。

如果你是一家公司的领导者，发现公司的服务质量不高，客户总是打电话投诉。这时，你就要考虑这个问题是否有必要解决。服务质量不高，到底对公司有没有影响？是不是竞争对手比我们的服务还要差？如果竞争对手比我们的服务还要差，我们的服务可能暂时不需要做太大的改变；如果竞争对手的服务高于我们，而且因为竞争对手较好的服务，对我们的市场份额产生了影响，这个时候我们就不得不改变了。

识别问题的目的就是确定问题是否应该解决。问题是否应该解决，要根据得失利弊来判断。当得大于失的时候，就必须解决。否则，就可以不解决。

第二步,确定决策的要素

要想作决策,首先要确定决策的要素。决策想要达到的目标是由什么要素组成的,领导者要心中有数。拿服务为例,你希望下属对客户的服务要好,但喊口号是没有意义的,要想提高服务,就必须知道评判服务好坏的要素。一般来说,有三个要素可以判断服务的好坏,一是服务态度,二是服务质量,三是物流速度。如果公司的服务不好是因为服务态度,那就可以采取措施提高服务态度;如果是因为服务态度和服务质量都不好,那么,就需要提高服务人员的专业性;如果是物流速度的问题,就需要提高基础设施。

确定决策的要素之后,还要确定要素的顺序。哪个是主要的要素,哪个是次要要素,要根据重要程度划分比重,比如服务不好的原因中,服务态度占70%,服务质量占20%,物流速度占10%。根据比重,先解决主要问题,然后再考虑次要问题,不要本末倒置、主次颠倒。

第三步,寻找、比较、确定决策方案

当决策要素的顺序确定后,领导者就要思考决策的可行性方案是什么。

首先,领导者要寻找可行性方案,民主是寻找可行性方案的最好方法。作为团队领导者,要听取大多数人的意见,接受的意见越多,思维的深度和广度就越会得到扩展,越有利于提高决策的准确度。

其次,对找到的各种方案进行分析比较。分析比较各种方案的目的是为了让决策落地、可执行。作为团队领导者,你可以跟专业人士进行深入的分析,比较一下各个方案的优缺点、执行的难易度,这有利于找到最适合的方案。

最后，确定最终方案。每一个方案都分析透彻后，到底选择哪一个方案？要么领导说了算，要么集体表决，少数服从多数。

计划、跟踪、控制循环系统

一个企业决策的方案是对的，但是决策的结果却是失败的，这样的相关案例很多。比如，中国现在有很多制造型企业都在学习丰田的生产模式，但成功的企业不到20%。为什么会出现这种现象？经过研究发现，其本质原因不是丰田的生产模式不好，而是因为很多企业没有相应的控制体系，控制不到位。比如，丰田生产模式中有一个"拉铃"环节。当某个工序的工人发现产品有问题时，无论问题大小，按照丰田生产模式，都要求拉铃。听到铃响后，所有人都会停下来问这个人为什么拉铃，如果有问题，其他人就会和他一起想办法，只有把问题彻底解决了，才能进入下一个工序。但是就是这个"拉铃"环节，在中国很多企业都执行不下去。为什么？有的人一拉铃，其他的同事会说："你这一拉，我这一天的提成就没有多少了。"车间主任就会说："我的产量跟不上了。"所有的人都指责他："你没事拉什么铃啊？"之所以出现这样的结果，是因为没有相应的控制体系，导致决策执行不了。

为了保证决策产生理想的效果，我为大家介绍一个控制体系，即GSPDCA系统，又名计划、跟踪、控制循环系统。GSPDCA系统中的G指目标，S指策略，P指计划，D指执行，C指检查，A指调整。

在制定计划、跟踪、控制循环系统时，首先要有目标，没有目标谈不上控制，决策制定之后，执行到位就是决策的一个目标；其次要有策略，比如企业要做绩效管理，这时领导者可以先和上司沟通，然后和下属沟通，大

家都接受这个决定了,就等于把思想沟通做到位了。这之后再进入绩效执行阶段。

先沟通思想,再进行执行属于一种策略;有的企业不沟通思想,直接进入执行,然后再去处理问题,这又是另外一种策略。但是不管是什么策略,最主要的是要有相应的策略。

策略定下来之后,下一步就是做计划。计划是什么?就是人、财、物、工作方向等的具体安排。计划完了之后,接下来就是执行。绝大多数计划是不可能100%地被执行的,难免会出现一些问题,但一旦出现了问题就要检查、检讨、分析;否则,很难发现问题的本质。找到问题的本质后,领导者要针对问题进行相应的调整,找到好的解决方案。

以上就是我们所说的计划、跟踪、控制循环系统,在使用这个循环系统的时候,有两点需要铭记在心:

一是记目标。所有控制体系都和目标有直接关系。在执行计划的过程中,团队中每一个人,无论是团队领导者还是团队成员,都必须聚焦目标,不要在执行过程中只会低头做事,不抬头看路,结果把目标忘了。如果一开始把方向弄错了,还不如不干。

二是重过程。在执行的过程当中、在计划检查调整的过程当中,必须把每一个过程都做到位,注重每一个细节。如果过程做得不是很好,那么结果也一定不会很好。比如制造一辆汽车,一个月的时间里,你自己造了一辆汽车,结果是有了,但是你在造汽车的过程中,各个环节做得不到位,车虽然造出来了,但却是一辆粗制滥造的次车。

正所谓:"过程好,结果才能好。"要保证好的结果,一定要把控好过程。

某消费者去买汽车，奔驰的汽车销售员对这个顾客说："您知道奔驰座椅的牛皮是怎么做出来的吗？首先，我们的牛都养在水草、温度和环境都适合牛生长的地方。第二，牛的品种都是牛皮长得最好的品种。第三，我们给牛听音乐，一天听两个小时。因为牛听音乐心情好，皮长得比较平整。第四，我们每天都给牛挠痒痒，牛皮生长的过程中，像人一样会起小疙瘩，如果不管，牛皮就会有一个小坑，但是天天挠痒痒就不会起小疙瘩。你看我们的牛皮座椅，洗得很干净，非常透气、平整，坐上去很舒服，我们车不用加坐垫，因为坐垫绝对没有我们的牛皮座椅好。"

消费者听到这里就会想，连牛皮都这样，其他设施更不用说了，肯定同样好。

奔驰车的牛皮座椅之所以好，就在于厂家对过程的重视。没有一个好的过程，就无法取得好的结果，所以，若想产生好的结果，一定要重视过程。

第5节
授权管理

在团队管理中，授权是团队领导者无法避开、经常使用的一种管理方法。授权水平的高低关乎领导者的领导能力。一个高效团队授权的数量远远大于普通团队授权的数量。作为领导者，授权给什么人、如何授权，这是很值得深思的。

授权的条件

面对手头上各种各样的事情,领导者如何确定哪些事可以授权给别人?哪些事不应该授权给别人呢?一般需要考虑以下三点:

第一,自己有没有时间。如果自己没有时间去做某一项事情,这个时候就要考虑把权利授予别人,让别人来完成这件事。实际上授权的本质目的之一就是保证工作按时完成。不能因为自己没有时间,就不去保证工作按时完成,这会影响到团队的整体效率。

第二,自己有没有能力。如果在某件事上自己的水平不高,或是下属中有的人在某一方面的能力比自己的能力要强,这个时候就要考虑把权利授给别人。授权的第二个目的是提高做事的质量。如果自己没有做好某件事相应的能力,但是别人有,你就应该让能力更强的人来完成这件事。这样做既可以提高做事的效率,又可以提高完成的质量。

第三,自己虽然有时间、有能力,但为了提高下属的能力,也要考虑把权利授给别人。授权还有一个目的,就是提高下属的能力。作为一个团队领导者,可能在某些方面的能力最强,但是还是要学会授权,为什么?因为这个时候的授权是为了给员工提供一个平台,一个发挥空间,你授权的目的是培养这个员工,让他的能力越来越强。

授权的方法

授权并不代表权利可以随便授予别人。领导者在打算授权的时候,要考虑多种因素,这些因素主要包括四个方面,即授权对象、授权内容、授权时给予的支持、授权后的监督。这四个方面也是授权的四个步骤，下面我们一一详解。

授权对象

领导者在授权的时候，考虑授权给什么人时需要考虑以下几个核心要素：

第一，被授权者的人品。这是一个关键，在授权给某一个人之前，要对他的言行进行长时间的观察，以确定这个人的品德到底怎么样。通常来说，你授的权利越大、期限越长，对人品的要求就会越高。领导者一旦忽略了被授权者的人品，往往会给公司带来很大的损失。

> 东北有一家家具企业，在当地做得非常大。这家企业的创始人想让自己的家具走出国门，但又觉得自己的能力不够，后来就找了一个香港的职业经理人做公司的总经理，负责把家具带入国际市场。他授予这名职业经理人很多权利，如人、财、物支配使用权和决策权等，然后自己就开始到处旅游。一年后，这个经理人就辞职了。辞职后不到半年的时间，这家企业的销售额下降了50%，后来一查才知道，这个香港的职业经理人在还没有离职的时候，就自己建了一家家具厂，生产同样的家具。这个案例说明：领导者在授权的时候，一定要考虑到被授权者的品德问题。

第二个要素是被授权者的能力。在授权之前，还要考虑授权的内容所需要的技能。被授权者的能力高低、适合与否，决定了任务能不能顺利完成。比如有一个客户本身就是做技术出身的，技术能力很强，你想授权给你的业务经理，让他跟进这个客户，那你授权的业务经理的专业能力就要比这位客户更强。思考被授权者应该具备什么样的技能，有利于你选用合适的授权对象，降低授权风险。

第三个要素是学习能力。可能你要授权的对象暂时不具备相应的能力，这个时候你就要看这个人的学习能力怎么样。如果他的学习能力比较强，可以培养，你就可以先培养他的能力，然后再把权利授给他，很多企业培养接班人用的就是这个方法。当然，如果授权期限比较长，还可以一边授权一边对他进行培养，毕竟，使用才是最大的培养。

明确授权内容

确定了具体的授权对象后，领导者要知道为什么授权，也就是最希望看到的结果是什么。这一点很重要。清楚这点后，领导者要和被授权者把授权的内容界定清楚、阐述明白。比如说授的是什么权，被授权者哪些事可以自己决定，哪些事不可以自己决定，他需要遵守哪些规则，最后完成任务的期限是多久，等等。领导者将这些一项一项列出来，然后让被授权者签字，这样可以减少授权后的一些冲突。

除此之外，授权者还要提供给被授权者相应的资源，任何授权都要和相应的资源进行搭配，授多少权给多少资源，这样授权才叫授得充分。如果只有权利而没有资源的支持，那授权就没有意义。比如你让手下去采购设备，他可以决定采购什么设备，但是公司不给他资金支持，这就相当于他还没有被授到权，所以授权是和资源相辅相成的，缺一不可。

提供支持

很多领导者在授权给下属后，往往就不管了。实际上，领导者并不是授权之后就没事了，授权给下属后，领导者还要对下属进行相应的指导。比如，告诉他一些具体的套路、方法、经验、教训，以便他能快速上手。也就是将下属扶上马，再送他一程。当他真正地掌握了具体的方法以后，再慢慢减少这方面的投入。

除此之外，在他执行的过程当中，还要时常关注一下下属在哪些方面需要帮助、需要支持。为什么呢？因为有的时候很多被授权人，碍于自己的情面不愿意找领导者寻求支持，这时候作为领导者的你，就要主动一些。

监督

授权和放风筝有些类似，风筝飞得高，线就要放快一些；风筝飞得低的时候，就要用力拉一下线，让它飞得更高。不管风筝飞得是高还是低，你手里的那根线是不能断的，那根线就是监督。

权授得越大，监督力度就要越强，因为人是经不住诱惑的。有一句话叫英雄难过美人关，如果是非常漂亮的美女，没事就勾引你，你保不准哪天就把持不住了。授权也是同样的道理，比如你要授财务权，3000元以下可以自己签单，这时候就要有相应的监督。如果只有授权没有监督的话，就很容易出现中饱私囊、贪污腐败的问题。在授财务权给下属的时候可以参考这几个方法：第一，实行预算制。预算要明确，超过预算拿一分钱都不行。如果超过预算拿钱很容易，预算就等于没有起到任何作用。第二，一定要控制好收支两条线，也就是收到的钱一定要回到公司财务，下属不能动一分，动一分就算贪污，更不能把收到的钱直接用于支出。如果收到的钱直接用于支出，收支就没法控制。第三，检查。检查最好是搞突击，随时随地检查。如果你提前通知下属，说哪天要做相应的检查，这样一来，下属就有了反应时间和

准备时间，检查时就很难发现问题。

监督和授权是成正比的，权越大，监督力度越要加强。比如授权给下属自由的上下班时间，告诉他想九点上班就九点上班，想十点上班就十点上班，但是你在工作量上就要进行严格的监督，你不管他什么时候上下班，他的工作量必须完成，他完成不了工作量就意味着你没有监督好。

第 6 节 会议管理

只要是企业就没有不开会的，会议管理是领导者必备的技能。若想做好会议管理，需要关注三个阶段，一个是会前，一个是会中，一个是会后。

备好会前会

要想使会议达到理想的效果，开会之前要做很多准备工作，领导者要想好以下问题：会议的主题是什么？会议的目的是什么？会议的时间是多久？参会前要准备什么？哪些人参加？哪些人发言？发言时间有多长？会议有哪些要求？……

关于开会的具体内容，应该提前让参会人熟悉一下，这样才能提高效率。现在有很多企业，开会前参会人都不知道会议大体内容，没提前做准备，导致会开得很疲惫，开得人两眼迷茫，效果非常低。开会前，准备了发言稿的人要熟悉自己的发言稿。有很多企业董事长或者总经理的发言稿是秘书代写的，会前没看，在会议上拿来就读，结果读的过程中出现明显的错误，惹出笑话。所以，作为领导者，如果你的报告是别人写的，在开会前一定要仔细读一遍。

领导者还要提前告知大家会议要开多久，并严格执行。比如会议时间计划是一个小时，那么，会议到了一个小时就必须结束。这样可以形成良好的习惯，使会议效率越来越高。如果每次会议都拖延，参会人员就会没有紧迫感，很可能会议开着开着就跑题了。同样，会议上每个人发言的时间最好不超过五分钟，因为人的随机发言一旦超过五分钟，那五分钟之后的观点和五分钟之前的观点有90%是雷同的。

开好会中会

开会的目的之一是群策群力，充分挖掘大家的智慧。有些领导者在开会的时候，喜欢先说自己的意见是什么，然后再问别人有没有意见。结果有的下属不愿意驳领导的面子，说没意见；有的下属很直接，不赞同就是不赞同，甚至还会说出为什么不赞同，让领导下不来台。因此，做领导的要注意，让下属先发言，最后再提出自己的意见，这样做有百利而无一害。领导者最后发言可以把下属们的优点全部集中在一起，再结合自己的一些想法，这样既避免暴露自己的弱点和不足，又显得自己很有能力，能赢得下属的敬重。

在开会的过程当中，最好有一个主持者。这个主持者对会议要理解得非常透彻，比如会议的目的、会议的流程安排、会议的时间、要达成的决议……这样可以使整个会议更有逻辑性、更高效，如果没有这样一个会议主持者，会议会开得比较散、效率比较低。

作为一个团队领导者，最好总结出几个高效的会议模型，比如月度会模型、季度会模型、早会模型等。把这几个模型吃透、做深，每次开类似会议的时候，对模型进行稍微的调整后就按照模型开，这样可以在一定程度上保证会议的效果。

跟好会后会

任何会议，只要能保证有效，大家就会越来越愿意开会。如果每次开会都无效，开会就会变成走形式。要保证会议有效，除了要关注会前和会中外，还要关注会后。

开会一定要达到某些目标。开会的时候，如果作了什么决定，指定了具体执行人和负责的事项，那么，会议结束后，会议秘书要做好督促工作，必须要求执行人在会议报告上签字。签字就相当于确定了责任人，如果不签字的话容易出现推卸责任、找借口的现象。

第 7 节
学习机制和创新机制管理

俗话说得好，"学无止境""活到老，学到老"。只有不断学习，才能更快地接受新事物，自己创新的功能才能被开启。

建立并落实学习机制

团队的成员如果从来不学习、不接受新的事物,那么大家的思维往往会在一个圈子里长时间固化,整个团队的能力就会产生严重退化。

如果想让一个团队真正高效地进行学习,领导者需要从四个步骤进行管理。

第一个步骤是树立学习的理念。现在有很多团队领导者,包括很多团队的成员经常会认为:"我已经学了十几二十年了,从小学学到大学,考了研究生,甚至考了博士。工作之后怎么还需要学习?!"这种想法是学习理念不够造成的。我们都知道,现在属于知识经济社会,知识经济社会的一个核心理念就是我们所学的东西,五年之后就要被淘汰,因为社会的发展速度太快。比如你在古代种地,可能学两三年就把种地的知识、技能都掌握了,而且掌握了之后,几百年都不会被淘汰。但是你现在要想把一块地种好,可能不止是学两三年就可以全部掌握的,其中要学的东西太多了。

所以,在现代社会,任何团队都必须建立终身学习的理念,这是社会发展所需要的。一个人学习效率的高低、成果的大小和理念有着直接关系。有了一个正确的理念,才会有一个正确的态度;有了正确的态度,才会驱动一个人长时间去做一件事情。所以,团队领导者要给队员树立终身学习的理念。

第二个步骤是制定严格的制度规范。现在有很多企业高层,包括民营企业的老板,总是把培训当成企业给员工的福利。这种想法是不对的,因为你让员工学习,一部分是员工自身的需要,更大一部分是企业的需要。所以领导者要建立非常健全的学习制度。比如培训,什么时候开始培训?培训哪些方面的内容?怎么考核培训效果?什么时候结束?培训结束后,应该做哪些

事情?……都要有相应的制度规范,这样才能保证学习的效果,任何没有制度规范的学习,往往开始很热闹,最后却不了了之。

为了带动员工的学习积极性,领导者还要做出相应的奖惩。下属学得越好,得到的奖励就越多;学得不好,就要遭到提醒和批评。

第三个步骤是团队领导者要带头学习。在有些团队里,团队成员爱学习,但是团队领导者很少学习,尤其是一些已经四十多岁或者是五十多岁的领导者。他们觉得自己几十年中没有学习,不也很好吗?但是他们忽略了另外一个问题,那就是如果他们学习的话,可以比现在更好。

领导者不学习,便很难在团队中起到真正的带头作用。他们常会觉得自己的老观念是对的,对于下属提出的新想法、新思路常常抱有批判态度,结果导致团队的学习能力降低。说到这里,有的领导者会说:"我一看书就头疼,根本看不进去,怎么带头呢?"这里提供给大家一个方法,如果你长时间没有看书了,建议你在一年之内计划看24本书,一个月两本,至于看的内容,是杂志也好,小说也好,只要能坚持一年,就能养成看书的习惯,这个时候看书就不会是头疼的事情了。

第四个步骤是学以致用。学以致用是学习的最终目的。无论是团队的领导者,还是团队的成员,任何人只要参与了学习,都必须把学习的内容进行转化,然后应用到实践中去。学以致用可以是自动自发的,也可以是强制的。比如有很多企业让员工参加培训,培训过程中要求员工要写出自己悟到了什么、自己的工作有哪些地方需要改善,通过这种方式来督促员工学以致用。

作为团队领导者,要为下属创造一个学以致用的平台,鼓励大家把学到的东西用到实际工作中去,而不能对员工的学习泼冷水。有的员工去外面学到了一个很好的方法,回来告诉领导说:"经理,我学了一个很好的方法,是……"这时候，领导只要说一句话就会让员工前功尽弃："你这个方法根本就不适合我们这样的部门，最好不要在我们团队中实行。"这一句话就完全打消了员工的积极性，你送他去培训就白培训了，因为员工会想："我学了也白学，再好的方法领导都不支持，领导不同意，我学它干吗啊？"所以，作为一个领导者或一个管理者，一定要创造让团队成员学以致用的平台，这样才能真正地发挥学习的效力。

培养团队的创新思维

有些团队的领导者本身缺乏创新精神，觉得自己的企业、产品已经做得很不错了，已经是行业翘楚了，就因循守旧，不愿意改变，不愿意尝试新的事物。在这类领导的带领下，团队成员会墨守成规、死气沉沉，毫无活力可言，而企业也会慢慢脱离实际、脱离市场，在适应性上出现严重问题。

那么，作为团队领导者，应该如何培养自己和属下的创新思维呢？这里有几个方法：

第一，要专注。只有专注才会深入，只有深入才能发现，只有发现才能创新。心中有工作的人大多都具有专注的特性，而且在工作中有很多奇思妙想和好点子，往往会成为某一方面的专家。

> 一家生产香皂的温州企业，包装香皂时常会出现一个问题，就是有些香皂盒里面是空的，没有香皂。因为这件事，这家公司遭到了很多客户的投诉，形象受到很大的损害，产品在市场上的销量开始下滑。老板为此很恼火，于是让人去调查其他同行是怎么解决这个问题

的。调查结果出来了,原来其他公司买了一种扫描仪,可以扫描出没装香皂的空盒。在扫描仪旁边还有一个机械手,一旦扫描仪辨别出了空盒子,机械手就会把空盒子捡出去。但这一套设备价格非常高,需要十万美金。

于是,出于资金方面的考虑,老板觉得没必要购买这套设备,但问题还得解决。于是,他让质检主任告诉公司所有员工:"谁想到好的办法,就奖励谁两万元。"于是,员工们都绞尽脑汁地去想。不到半个月的时间,就有人想出了一个绝妙的方法:在流水线旁边放一台工业风扇,没有装香皂的盒子被风一吹就吹跑了。这个方法只花费了五万元就把问题解决了,这就是创新。而且只要心里有工作,谁都可以创新。

第二,要深度沟通。和什么样的人进行深度沟通呢?这个人的专业能力要强,和自己旗鼓相当,且有很强的互补性。如果和这样的人进行深度沟通,往往能擦出非常多的火花,而这种火花就是创新的主要来源。如果没有深度沟通,一个人可能累死也想不出来一些好的想法。

第三,抛砖引玉。抛砖引玉分两种方式,第一种方式是领导者把问题抛给别人,通过领导者的引导,让他产生非常好的想法。在这一点上,苹果前CEO乔布斯做得非常好。乔布斯很擅于抛砖引玉,他会告诉下属自己想要什么感觉的产品,为什么要这样的产品,这是"抛砖";接下来下属会把他的想法变为现实,这是"引玉"。第二种方式是自己找一块"砖"把自己的"玉"引出来,比如你可以看书或者是向别人学习,这些都可以激发你的灵感,帮助你找到创新的源泉。创新往往不是一个人凭空想出来的,而是一个人结合了很多人的想法后作出的。

除以上三条外,创新还有很多方法,下面我介绍几种乔布斯的创新管理方法给大家。

1. 化繁为简

乔布斯常问手下的工程师:"还能不能更少呀?"很少问:"还能不能更多呀?"

2. 没有不可能

乔布斯走进工程师拉里·凯尼恩的办公室,对他说:"你负责的MAC操作系统启动时间太长了,这样不行,要想办法减少启动时间。"凯尼恩告诉他:"这很难做到,因为……"凯尼恩长篇大论的解释并没有打动乔布斯,他对凯尼恩说:"如果让启动时间缩短10秒,便能救人一命,你能做到吗?"凯尼恩说:"也许能。"乔布斯拿出纸和笔,给凯尼恩算了一笔账:倘若500万人使用MAC机,这些人每天开机多花10秒,那么一年加起来差不多3亿分钟,这三亿分钟相当于至少100个人一生的寿命。凯尼恩听后默默无语,几个星期后,他把开机时间缩短了28秒。

3. 高要求

乔布斯脾气很暴躁,非常缺乏耐心,他为了防止庸人泛滥,对下属的态度非常严厉。他说:"如果管理太过温和有礼,平庸之辈就会如鱼得水、无所作为,我从不觉得自己对人残暴,我只是无法容忍别人把事情搞砸。如果有人把事情搞砸,我会当面讲出来,因为这是我的职责。"实际上,乔布斯这种态度是非常有利于创新的,因为他的高要求,他手下的员工往往会对工作更专注、更充满激情。相较其他公司，乔布斯公司的顶尖人才往往更忠诚，在职时间往往更长。一个叫黛比·科尔曼的员工回忆说："开会时他会大声喊，'混蛋，白痴！你什么事都做不好！'不过我仍然为能和他一起工作而感到自豪，我觉得遇到他这样的上司，绝对是一件终身受益的事。"

4. 求知若渴

乔布斯只要遇到好的创意，不管这创意是谁提出来的，他都会激动异常。如果一个工程师晚上做梦，梦到一个创意，他可以随时打电话给乔布斯，哪怕是晚上凌晨两点！乔布斯会立刻拿起纸笔，把他的创意详细地记下来。

第五章
高效的沟通——让团队更加顺畅

　　高效的沟通在企业管理中非常重要，它是所有管理艺术的精髓。有研究表明，团队管理中 70% 的问题是由沟通障碍导致的。企业中常见的执行力差、团队冲突、合作不好、缺乏信任、领导力不强、绩效低下等问题，都与沟通能力的欠缺有很大关系。高效的沟通可以保证工作质量、提高工作效率，还可以增进成员之间的了解，消除误会和隔阂，使整个团队的人际关系融洽、和谐。优秀的团队领导者不仅自身要掌握高效沟通的方法，还要传授下属一定的沟通方法，这是领导者的职责所在。

第五章 高效的沟通——让团队更加顺畅

第 1 节
高效团队必须掌握的沟通流程

传递≠沟通

> 古代诸子百家中的墨子有个徒弟叫耕柱子。耕柱子非常有才干，但自律意识不是很强，墨子没事儿就批评他。到最后把耕柱子批评烦了，就问他："老师，你觉得我是不是您学生中最笨的一个？"墨子说："你是我所有学生中比较聪明的一个。"耕柱子说："那您为什么天天骂我？"
>
> 听了耕柱子的问话，墨子回答说："耕柱子，我骂你是因为爱护你，是为了让你尽快成长。"并给耕柱子举了一个例子，"耕柱子，我有一匹千里马，还有一头牛。我想去太行山旅行，你说我骑着千里马去？还是骑着牛去？"耕柱子说："当然是骑千里马去。"墨子问："我骑着千里马在太行山旅行的时候，千里马被鞭打的次数多还是放在家里的牛被鞭打的次数多？"耕柱子说："是千里马。"墨子告诉他："我经常批评你的原因就在于此啊！"耕柱子于是明白了老师的良苦用心。

墨子骂耕柱子，是因为对耕柱子期许很大，他希望耕柱子能尽快成长。但耕柱子不明白墨子的苦心，所以心有不满。出现这种情况是因为墨子的沟通出现了问题，没让耕柱子真正明白他的意思，这种情况叫作传递。而让对方真正理解自己的意思，才是沟通。

传递不等于沟通。区别在于后者能够让对方正确理解自己传达的意思，而前者不能。对于团队成员来说，沟通非常重要。在能力不变的情况下，只要团队成员沟通水平上去了，个人的产出就会增加。比如，一个团队成员有个非常好的想法，能给团队带来非常大的好处，但是他只能清楚地说出40%，那就相当于他另外的60%被蒸发掉了，因为对别人来说，只能明白他说出来的40%。所以，沟通是非常重要的，每个团队成员都要有擅于沟通的能力。因为他越擅于沟通，团队其他成员就越能听懂他的意思；其他成员越明白他的意思，彼此间协作、合作效率就会越高。这样一来，他的个人价值才能得到更好的体现。

对于团队领导者来说，沟通更为重要。因为做管理的核心是"改变"，改变不同的手下，使他们有统一的语言、统一的思想、统一的行动，所以领导者没有良好的沟通能力是无法做到的。而且，领导者常常需要和企业其他部门之间进行沟通，如果沟通不畅，就很难达成共识，也就无法形成良好的沟通氛围，部门和部门之间就会形成"部门墙"。

沟通的流程

"凡事预则立，不预则废"。学习沟通的流程可以帮助团队提高沟通效率，沟通的流程分为四步，依次是明确目标、编码、传达和解码。

明确目标

讲话都要有目标,无论是团队成员之间的讲话,还是团队领导和团队成员之间的讲话。在讲话之前,说话的人都要考虑自己的目标是什么。目标一般体现在三个方面,第一个方面是你想让对方记住什么;第二个方面是你想让对方改变什么,是改变某种想法还是改变某种行为;第三个方面是你想让对方提升什么样的能力。每次和别人讲话的时候先把自己的目标明确,这就确定了讲话的中心思想。目标明确之后,接下来的讲话都是为实现目标服务的。

编码

确定了讲话的主题后,接下来就要进行编码。编码就是你先说什么,后说什么,自己心中要有数。一般的讲话分开头、中间和结尾。开头要吊胃口,引起别人的兴趣。讲什么话别人会有兴趣?只要是和听话人利益有关系的任何事情,对方都会愿意听。所以,一开始讲话的内容最好能和听话人产生联系,引起对方的兴趣。其后应该怎么做?其后就可以提出自己的观点,而这个观点要围绕讲话的目的,这个观点要怎么讲才能产生好的效果,得到听话人的认同,进而达成目的呢?有一个叫"一拖三"的方法,"一"指的是一个观点,"三"指的是三个证据。有了观点后,可以用数据、案例、故事作为证据,来证明观点。有了证据,会让别人感到你讲话具备客观性。客观性可以增加所说内容的可信度,增加讲话的说服力。接下来是结尾,在结尾的时候,把讲话的重点最后总结、重复一遍。

在和别人进行谈话的时候,按上述所说的方法进行编码,讲话的效果一

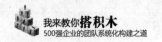

般不会差到哪儿去。

传达

编码之后，就是话语的传达。传达时要注意哪些话该说，哪些话不该说。比如老板作了一个决策，这里面有三个致命的问题。你听了老板的决策后，当着其他员工的面直接对老板说："老板，你这个决策有三个致命的错误，可以说犯了最低级的错误，第一是……"讲到第三个的时候，老板脸都变绿了，杀你的心都有了，尤其是他觉得他的决策非常好的时候。尽管你说的是实话，但却不是"人话"。什么叫"人话"呢？就是说对话。适当的人在适当的时机说适当的话，那叫"人话"。

实话难听，容易引起别人的反感。举个例子，你朋友买套房子，装修花了四十多万，装修可算是豪华了。装修完后请大家吃饭，你去了一看说："虽然很豪华但是很俗，没有一点儿文化气质。"这话说完之后，可能你朋友连请你吃饭的心情都没有了，他心里会非常不高兴。因为你的朋友好不容易花了三个月的时间把房子装修好了，希望得到别人的夸赞，而你却毫不留情地批评了他。

所以，饭可以乱吃，但话不能乱说。很多职场人士就是因为没管好自己的嘴，结果下场很悲惨。一个下属和总经理关系特别好。一次，总经理请他去自己的别墅吃饭，双方聊得挺高兴，说着说着下属就忘乎所以了，蹦了一句话出来，他说："王总，前天晚上咱那个桑拿还不错吧。"他刚说完桑拿，总经理夫人脸色就变了，下属连忙解释："嫂子，我跟你说，是绿色的。"他越说是绿色的，总经理夫人想法越多。等下属走了之后，总经理夫人就盘问总经理："你干什么去了？绿色的，什么绿色的？你说实话，你干什么去了?"结果总经理好一顿解释。因为这件事,总经理开始疏远这个下属。

所以,说话的时候,要分清场合,说话一定要慎重,要想想听者的感受,不能想怎么说就怎么说。否则不仅达不到效果,还往往会适得其反。

解码

话说出去了,听的人要想理解,还需要一个思考的过程,这个过程就是解码。解码出错是很常见的,因为同样的问题,大家看的角度不一样,所理解的东西就不一样。

> 我们知道,禅宗里有一个著名的人物叫六祖慧能,他的四句偈语"菩提本无树,明镜亦非台,本来无一物,何处惹尘埃"一直广为流传。一次,慧能到广州的白马寺游学,当天起了大风,把庙前的旗子吹起来了。慧能听见一个小和尚对另一个小和尚说:"你看,幡在动。"另一个小和尚说:"不是幡动,是风吹着幡在动。"两个人谁也说服不了谁,吵得不亦乐乎。慧能走上前说:"你们两个都错了,不是幡在动,也不是风在动,是你们的心在动。"

从这个故事我们可以看出,人与人看问题的角度是不一样的。所以大家要注意,当你和别人沟通不畅的时候,往往是因为角度的问题。要想理解对方的话,或者让对方理解自己的话,就要站在对方的角度来思考问题,这样沟通效率才会越来越高。

第 2 节
领导者的沟通之道

当领导者是一门艺术,想要当一个好的领导者,就离不开下属的支持和认可,和下属进行良好的沟通就成为一门重要的课程。

领导者和下属沟通的三个步骤

每一件事都有自己的门道,领导者和下属的沟通也不例外,现在就让我们来分享一下领导者和下属沟通的主要步骤。

第一步,打开下属的心门

很多领导者在和下属沟通的时候,往往会出现一个问题,就是自己说得很好、很激动,但是对方一句都没有听进去,这是因为没有打开下属的心门。在和下属沟通的时候,先要看是否打开了下属的心门。如果对方很愿意听你讲话,这时你可以直接进入主题;如果对方不愿意对你敞开心门,这时你要思考的是先打开他的心门,然后再和他进行深入的沟通。

打开心门有几个方法:

第一个方法,赞美。在和下属开始正式谈话之前,可以先赞美一下他。比如他前一段时间表现很好,这段时间表现不是特别好,你可以跟他说,他前一段时间表现是比较出色的,再一一列举出来。这些说完了,再提出他这段时间哪些地方出了问题,他就比较容易接受了。

第二个方法，增加你在下属心目中的地位。如果你在下属心目中的地位很高，他很认可、很佩服你。你在做任何事的时候往往可以轻松打开下属的心门，让他接受你的信息。如果你在他心目中的认可度不是很高，比如你的能力不强、处事不公平等，下属往往很难对你打开心门。

第三个方法，拉近和下属的距离。如你和下属之间的距离非常亲近，他非常相信你的话，他的心门就很容易对你打开。相信大家有很多事情都愿意和自己的好朋友沟通，而不愿意和不熟悉的人进行深入的沟通。原因是什么呢？因为和自己的好朋友关系比较深，相互欣赏、相互信任，不设防。做领导的也是一样，和下属关系比较密切，下属的心门便容易对你敞开；和下属的关系比较疏远，下属的心门便不容易被打开。当然，这里说的领导者和下属的关系，指的是工作关系，并不指私人关系。

第四个方法，震慑。在时间很紧张、压力很大，没有时间慢慢和下属建立关系，以打开下属心门的情况下，领导者可以强制下属执行。不和他讨论你说的对不对，告诉他事态很严重，这件事情做砸了你来负责，不用他负责就可以了。这样的手段属于震慑，下属的心门不开也得开，他不开，你就用力把门推开。

第二步， 沟而能通

有时候下属已经打开心门了，愿意听领导说话了，但是却由于领导者自己没有讲清楚或者是讲得不够透彻，导致下属没听懂、没理解，这就属于沟通无效。所以，在和下属沟通时，领导者要遵循一个标准：讲话要简洁清晰。能说两句就不要多说一句，自己要表达的意思是什么，要突出的观点是什么，一定要让别人听懂。

很多人面对一些复杂问题的时候，很喜欢直接对别人表达，想到哪说到哪，导致传达的内容逻辑很乱，让别人抓不到重点。这不仅是在浪费自己的时间，也是在浪费对方的时间。所以，说话要想清楚再说，想一想怎样才能把复杂的事情以非常简洁清晰的方工传达给对方，自己想清楚之后再和别人进行沟通，这样才能提高沟通的效率。

如果担心下属没有理解你的意图，最好让对方用自己的话复述一下你的意思。在他复述的过程当中，看他所说的和你的意思是否吻合，这样可以减少误解，以及误解带来的不必要的麻烦。真正有效的沟通是思想的互通，就是彼此的思想完好无损耗地传达给对方，对方的大脑能接受，复述是确保思想互通的关键。

要想沟而能通，在谈话过程中还要注意察言观色，察颜就是听话听音，通过对方说的话去想对方要表达的意思。观色就是看对方的反应，如果你讲的话对方很感兴趣，他的身体就可能前倾；如果他紧皱眉头，则可能表示不认可；如果他在你们交流的某个过程中声音突然提高，而且手势的幅度突然变大，证明他非常重视正在听的内容。

第三步，情感互通

团队领导跟下属沟通结束后，如果沟通有效，双方沟而能通了，那么，在适当的情况下，领导者最好和员工进行情感的互通。情感互通可以加深下属做事的热情和决心，使当次沟通的效果更加理想，而且还可以为将来更为有效的沟通奠定良好的基础。

如何进行情感互通？比如你的下属正在做某项工作，你对他做的工作非常满意，很认可他。这时当他来找你沟通之后，你就可以把他留下来，问问他其他的事情，比如：他住在哪里？每天到公司需要多长时间？有什么兴趣爱好？生活中有什么困难？等等。比如，作为领导的你，知道某个手下的父亲生病了，在谈完工作之后，你就可以这么跟他沟通："老王，听说你的父亲病了？这段时间公司的事情比较多，压力比较大，如果他需要照顾，你就请几天假，安心照顾他，你的工作我安排给别人，要不你的工作我来帮你做，我这边准备了一些补品，你先拿回去。"这就属于情感互通，情感互通属于私人情感的一种促进方式，这种沟通会对员工起到非常大的作用，可以迅速拉近你和员工之间的距离，提高你在他心目中的位置，这样，你们的沟通效率会成倍增长。

领导者和下属沟通的细节

人与人之间的沟通看似简单，其实其中有很多门道，领导者和下属进行沟通的时候更甚，要注意很多细节，以便沟通能卓有成效。

情绪要稳定

领导者在情绪不稳定的时候，不要和任何人进行沟通。因为人的情绪一波动，思路就容易混乱，往往会说错话、做错事。

> 有一家公司经营出了些问题。公司主管召开了几次动员大会，号召员工和他一起努力工作，共渡难关，员工都表示愿意。有一次主管去工作现场考察，发现有一个员工东张西望。主管气不打一处来："看什么呢？别人都在努力工作，你不去工作看什么看？"越骂越有气，

后来问:"你一个月多少钱?"员工说:"2000。"主管从钱包里掏出2000元,甩给员工说:"给我滚!"员工拿了钱撒腿就跑。主管很纳闷,后来才知道那人不是公司员工,是送快递的。因为这件事主管得了一个绰号,叫"两千块"。

沟通要放在结果上,而不是情绪上,如果领导者情绪失控,便很难让沟通富有成效。作为领导者,要锻炼自己的情绪控制力,面对问题时,要保持冷静,特别是在面对别人的反驳和讥讽时,更要保持冷静。

宋朝的大诗人苏东坡曾经被贬黄州,在那里和一个叫佛印的禅师经常往来,两人常在一起参禅论道。一次,苏东坡静坐在家,若有所悟,便写诗一首,派书童送给佛印看。全诗是:"稽首天中天,毫光照大千。八风吹不动,端坐紫金莲。"

这首诗是在赞佛,但又暗中表达了自己有超然的境界,不为外物所动。佛印禅师读完书童送来的诗,哈哈一笑,在那首诗的旁边写上"放屁"两个大字,交给书童带回。苏东坡看了佛印的回复,心中大怒,马上雇船过江,找佛印算账去了。

见到佛印后,苏轼问:"我这首诗哪里不好,你为啥骂我?"禅师笑着说:"你不是说'八风吹不动'吗?怎么一'屁'就过江来了呢?"苏东坡听后,满面羞愧。

在和下属沟通的时候,领导者要受得了激,否则很容易言行失当。如果发现自己情绪将要失控,就先停止交谈,找个没人的地方冷静一下,等情绪平稳以后再和下属沟通。领导者要切记:在有情绪的时候,不要和任何人沟通。

态度要端正

　　举止神情能体现一个人的态度和心情。领导者和下属进行沟通的时候，下属往往会察看领导者的举止神情。如果某天领导者的脸拉得和驴脸一样长，下属就会想，领导肯定和别人吵架了，要不就被上司骂了，要不就是被老婆骂了，今天要发飙，得躲远点。这样，下属有问题都不会去请示。

　　如果领导者和下属沟通的时候，往椅子背上一靠，跷着二郎腿，一会儿看手机一会儿写点东西，下属原本想说的，这时候也不愿意说了。他说得越少，领导对工作情况、对他的了解就越少，就很难去管理他。

　　所以和下属沟通的时候，领导者要注意自己的神情和举止，保持端正的态度。比如，听别人讲话的时候，不能一边听一边想着别的事情，假装在听，这属于典型的心不在焉。如果你在听的时候三心二意，对方是有感觉的。

　　沟通就是管理，管理就是沟通，领导者在做管理工作的时候，态度一定要端正，如果态度不端正，就很难得到下属的信任。

消极的话不要说

　　和下属讲话的时候，领导者不能"倒垃圾"，即消极的想法不能说，因为消极想法的破坏力很大。有的领导很喜欢抱怨，一旦抱怨，事态就会被扩大。比如高层告诉部门经理："今年公司几乎没怎么赚钱。"部门经理就可能对下属说："公司今年可能有些亏损。"层层传下去，最后到了业务员那里，可能被误理解为："公司差不多快倒闭了，该找下家就找下家吧。"高层一句话，到最后走了一批业务员，这事并不是开玩笑，所以当领导的，消极的话千万不要说。

威胁一定要慎重

作为领导者，在和下属进行沟通的时候，要慎用威胁。一旦使用威胁，就要兑现，付诸行动。如果只是口头上说说，但不行动，就会失去威胁的力量。

> 大家都知道重庆的女孩子脾气大多很火爆，但这个例子中的重庆女孩子的丈夫是东北的，脾气比较火暴。结婚以后，遇到事情两人就相互争吵。东北那位想："我一东北大老爷们儿，一米八的身材，怎么能怕一米六高的小女子？"便想树威。有一次喝多了，借着酒劲推了一下他老婆，这个重庆女孩拎起酒瓶子就直接砸在他肩膀上，砸过以后指着老公的鼻子说："这次是酒瓶，下次就是菜刀，不信你试试。"这以后，她老公再也没动手过。

你要威胁下属，就要让他相信，你的威胁是真的，不是说说而已。否则，他会置之不理，你说你的，他做他的。

求同存异

领导者在跟下属沟通的时候，不要要求下属的想法和自己的想法一致。下属的想法即使不成熟，也要先求同，而不是直接否定。有时甚至他的想法没有你的想法好，你也可以让他用自己的方法尝试一下，结果可能会超出你的预期。

比如你有 10 个手下，提出了 10 个方案，其中一个方案你比较认可，还有两个方案不是很满意，有六个方案完全不认可。这时你该怎么做呢？要让下属去执行那两个你不是很满意的方案，在执行的过程中再给予指正，这就属于典型的求同存异的沟通措施。这样可以提高下属的积极性，增加沟通的效率。如果你总觉得下属做这个是错的，做那个也是错的，他跟你的沟通效率便会越来越低。

对事不对人

在和下属进行沟通，尤其是批评下属的时候，要做到对事不对人。怎么做到对事不对人？就是增加讲话内容的客观性。比如你对下属说："老张，你这个工作干得不好。"这就属于没有对事，只对人了。老张就会想："我哪里干得不好了？我干得不是挺好的吗？"

那么，应该怎么说才能提高客观性呢？你要告诉老张："通过我的观察，我发现你有三个现象……通过这三个现象，我认为你的工作积极性没有以前强了。"这就属于典型的对事不对人。你判定一个人能干不能干，做得好还是做得差，要有根据。只要是有根有据就是对事不对人，你的判定无根无据，就属于对人不对事。如果你做不到对事不对人，员工心里就会不服你，这样的沟通往往会毫无效果。

尊重

领导者在和下属沟通时，要尊重对方。即使下属没有完成工作或者是没有达到要求，最起码要对他的人格给予尊重，不能任意贬低其人格。你不能说："你这个人怎么这么笨呢？这么简单的工作都做不好，你上过大学没

有？你书怎么读的？"这些语言对员工的伤害非常大。如果你经常这样和下属说话，长此以往，员工就会对你产生恐惧感，不愿意跟你沟通，不愿意对你说心里话。他会想："说了心里话，你就说我笨，我以后干脆就不说了，这样你就抓不了我的把柄了。"最后就形成了"徐庶进曹营，一言不发"的局面。

"作秀"

有时候，若想达到良好的沟通效果，领导者就要学会"作秀"。说到"作秀"，三国中的刘备是个中翘楚。

> 有一次，蜀军和曹军交战，蜀军大败。刘备的夫人和尚在襁褓的儿子阿斗深陷敌营。大将赵云单枪匹马从千军万马之中把阿斗救了出来。按理说，儿子生还，做爹的应该欣喜异常。但刘备没有，他从赵云手中接过阿斗后，马上将阿斗摔在了地上，嘴里说："小子，要你何用，差一点儿因为你损失我一员大将！"刘备内心深处当然是心疼阿斗的，他这么做，是做给赵云看的。赵云看后，心里会想："主公对我真是太好了，竟然把我的命看得比他孩子的命都重要，我一定肝脑涂地以报主公之恩。"

刘备的言行，属于典型的"作秀"，但却取得了很好的效果。做领导的，在和员工沟通的时候，偶尔也要"作一下秀"，以此来赢得下属的认可和感激。

领导者如何处理团队冲突

不可避免地，团队成员之间偶尔会发生冲突。如果团队成员之间的冲突解决不好，可能会导致矛盾的激化。所以，团队领导者要学会如何有效地解决团队成员之间的冲突，这可以提高团队整体的效率，使团队的氛围更加高效。

那么，团队领导者应该如何处理团队冲突呢？

第一，对待冲突情绪要稳定。当下属有冲突来找你解决的时候，作为团队领导者，首先自己的情绪要稳定。否则，在处理成员之间的冲突时，反而会起到负面效果。我们有句老话叫"恶人先告状"，比如有一个团队成员，来找你投诉另一个团队成员，说他做了什么事，使自己受了什么损失。这时你要冷静，哪怕他说的再怎么委屈，对方再怎么做得不对，你都不要让自己的情绪产生波动，因为这时候叫"一面之词"。你应该稳定情绪，把另一个团队成员叫过来，看看他是怎么说的。如果你担心处理冲突的时候，掌握的信息不够准确，可以把两个冲突人都叫到办公室，当面把事情说清楚。

第二，主动沟通，不要扩大冲突。如果团队领导者在团队管理的过程中发现了两个成员之间有冲突，不要拖着不管，否则冲突有可能扩大。冲突处理越及时，其效果就越好，推迟解决冲突的成本会变高。

第三，调查，实事求是。你要调查清楚冲突的原因。其起因是什么？没有调查就没有发言权。一个部门经理在处理冲突时，就因为没有实事求是，导致了很不好的结果。一次，他的一个手下向他投诉另一个员工，而另一个员工前一段时间刚犯了错误，部门经理于是就有一种先入为主的感觉。他想："肯定是那个人的错误，前一段时间他犯了错，这一段时间又犯错误。"于是，就把那个员工狠狠地骂了一顿，当他骂完之后，那个员工说了一句话："领导，你能不能让我把事情说清楚，你再看该不该骂我？"后来，员工把这件事的详情说了，经理经过调查，确实和这个员工说的一样。就是因为这件事，这个员工和他之间产生了很大的隔阂，他把员工之间的冲突，变成了主管和员工之间的冲突了，后来，他下了很大的功夫才弥补了自己和那名员工之间的关系。

很多领导往往会受到外界的影响，形成"先入为主"的观念，然后凭自己的主观判断，在没有进行实际调查的情况下轻易下结论。而这种判断往往与真相不符，这样不仅无法调节矛盾，还可能导致矛盾进一步激化。

第四，以完成工作为基础。处理冲突的目的不是偏向于某一些人，也不是为了加入领导者的个人看法。很多团队领导者在处理冲突的时候，往往喜欢加入个人想法，反而使冲突变得更加复杂。作为团队领导者，只要记住一点就可以了，即以完成工作、让工作变得更加高效为基础。

第五，确定解决问题的规则。团队中如果某一类冲突比较多，比如营销团队中的业务员抢客户的现象，解决的方法是制定规则，然后让团队成员依照规则，自己处理这类冲突。举一个例子，有的大学的大门外有很多的脚蹬三轮车。因为三轮车夫都争客，难免会发生冲突，时间长了，这帮车夫就开始讨论："咱们为了挣钱，吵来吵去也不值得。干脆这样，咱们排队，谁排在第一位，谁就开始拉客，然后是第二位，以此类推。"这种规矩形成之后，冲突便得到了很好的解决。

第六，保证公正客观的处理态度。作为团队领导者，如果某一个团队成员跟你的关系比较密切，你在处理冲突的时候，要对和你关系密切的员工更加严厉一些。因为人都会有一种思维定式，如果某一个人和领导关系比较近，大家就会觉得领导会偏向这个员工，如果在处理冲突的时候，你真的偏向他了，往往会让别的员工对你有意见。

第七，层层推进，力争达到多赢。实际上处理冲突最好的方式是双赢，甚至是多赢，而不是有人赢有人输。如果员工之间发生了冲突，作为团队的领导者，在处理完冲突后，要分析为什么会发生这样的冲突？应该怎样补救？如何避免日后出现同样的冲突？这就是多赢。而不是简单地说谁对谁错。这样做不利于整个团队的合作。

第八，找到冲突的根本，不让它重复发生。这一点是团队领导者必须做的。如果一个冲突重复发生，会耗费大量的时间成本，所以，一定要找到发生冲突的根本原因。比如有两个人总发生冲突，你就要仔细查探是什么原因造成了冲突。如果是因为他们的职责相互交叉、责任不清造成的，这时你就要把职责交叉这件事情解决好。这样，将来才不会再发生类似冲突。如果是因为两个人的个性差距太大，一个人很大方，而另一个人很小气，因此总产生冲突。这时，你就可以把他们分开来，减少他们在工作中的接触机会。

第 3 节
如何让下属间的沟通富有成效

作为团队领导者，若想让下属间的沟通富有成效，需要从两个方面着手：不断扩大下属间的共同区域，下属之间的交集越大，其沟通效率就会越高；培养下属沟通的能力，比如传递给下属一些技巧、策略和方法等。

扩大下属间的共同区域

要想真正提高团队成员之间的沟通效率，领导者必须做一件事情，即不断扩大成员相互间的共同区域，让成员之间的交集越来越多。什么是共同区域？比如有两个人，相互不了解、不熟悉，甚至语言都有点儿不通，但是这两个人必须合作去完成一项工作，这个时候两个人必须沟通，因为不沟通就没法合作。那么，两个人怎么才能有效地沟通呢？他们首先要相互了解，通过了解获得对方的信任。随着了解的深入，两个人之间的交集会越来越多，而两个人的交集就属于共同区域。当两个人的交集足够多的时候，他们的沟通效率才能真正有所提升。那么，如何扩大下属间的共同区域呢？我们有三个方法。

方法一，增加团队成员之间沟通的频率

要想扩大团队成员之间的共同区域，就必须加深团队成员间的沟通频率。沟通频率越高，成员之间的了解才会越多，之间的共同区域才能越大，这样才能培养共同语言。那么，如何增加团队成员之间的沟通频率呢？

首先，营造开放的团队氛围。开放的团队氛围，有利于员工间沟通效率的提高，如果氛围不够开放，其沟通频率就会变得很低。在开放的团队氛围中，每一个人在沟通的时候都可以畅所欲言。有的领导或许会说，每个人都畅所欲言，决策速度岂不是会比较慢，效率会比较低？大家还记得前面一家企业的案例吗？

这家企业有这样一个制度，在决策没有作出之前，每一个人都可以发表自己的意见，如果你的观点和总经理的观点不一样，你甚至可以找总经理吵架。但是凡是决定已经作出后，就必须得执行。通过这样的方法可以形成开放的氛围并保证高效。

其次，容忍团队出现不同的意见。团队每一个成员都有自己的看法，大家提出的意见可能各不相同。这时候要提高相互的容忍度,不要对提出不同观念的人进行人身攻击。人身攻击越多,越会降低成员之间沟通的频率,沟通效果会越差。

最后,增加团队频繁沟通的机会。这里讲两个例子:第一个是国外的一家企业,公司发现团队成员之间的沟通频率不够。为了解决这个问题,企业对食堂进行了改造,把一些圆桌改成了长长的条状桌,每一个人都是面对面吃饭,这样就增加了团队沟通的机会。

第二个是苹果公司。

> 苹果公司在装修新的办公大楼时,乔布斯就对建筑方提出了要求:我需要一个开放的空间,要增加我的员工每天碰面的机会,不能出现员工和员工之间,部门和部门之间一年见不了几次面的格局。
>
> 后来设计师给苹果公司设计出了这样的一个方案:他在公司大楼的中间建了一个大广场,广场是一个圆形的,那里有很多盆景和咖啡厅,大家可以坐下聊天。而所有部门的员工,要想出门或者外出吃饭,都必须经过这个广场,这就无形中增加了团队成员之间沟通的机会。

团队成员之间沟通机会的增加非常利于苹果公司的创新。团队成员接触得越多,沟通的频率越高,越容易迸射出智慧的火花。

方法二,增强团队成员间的信任度

要信任一个人,第一步就是相互了解。这样彼此间的信任度才会有所提高。如果彼此不熟悉,那就很难有什么信任度。第二步是相互验证。两个人同时做一件事的时候,相互协助了,品德、能力相互验证了,可以增加彼此

间的信任。第三步是相互认可。如果刚开始彼此不是很信任，但通过一个特定的事件验证之后，彼此间的信任度就会增加，这时，就产生了相互间的认可。

以上三步是信任产生的过程。那么，领导者应该怎样培养员工之间的信任度呢？

首先，作为团队领导者，要提供给团队增加信任的机会。比如你可以安排团队成员共同做一件事，从而增加两个人之间的合作。在合作过程中，两个人相互的了解自然会加深。这样的机会越多，团队成员之间信任度的增加就越快。

其次，对团队取得的成绩进行庆祝，也可以增加团队成员之间的相互信任度。因为成绩的取得是团队所有成员共同努力的结果，这样的庆祝就是在向员工证明：大家所在的团队是高效的团队，团队中每个人都是非常优秀的，大家在一起的合作也是非常有效的，正因如此，才会取得这样良好的成绩。除了对成绩进行庆祝外，领导者还要多提供团队成员私下沟通的机会，比如多安排大家一起吃饭、唱歌等活动。

方法三，通过相互学习来扩大共同区域

我们小时候学的课文中，有篇文章叫瞎子摸象。几个瞎子摸一头大象，摸大象腿的说："大象像个柱子。"摸大象耳朵的说："大象像个簸箕。"摸大象尾巴的说："大象像根绳子。"摸大象肚子的说："大象像一堵墙。"几个人各持己见，谁也说服不了谁，于是吵了起来。用什么样的方法可以让这几个人不吵架？很简单，交换一下位置。四个人位置都交换之后，知道了对方所处的不同位置，就不会再吵架了。

摸象这个例子中所说的交换位置,实际上就是指相互学习。这四个人只有相互学习才能减少争吵。为什么?其原因就是大家对大象有了整体的认识,有了共同的区域。

学习可以增加团队成员之间的共同区域,进而增加团队的效率。比如有两名员工,一个是从事做营销的,很会处理人际关系;一个是从事技术方面工作的,专业技术能力很强。如果两个人都很虚心地向双方学习,时间长了,两人的共同区域就会越来越多,这样一来,两个人的沟通效率就会有所提高。而如果这两名员工"老死不相往来",我做我的技术,你做你的关系,他们一辈子都不会沟通,因为没有共同语言。所以,若想让两个人有共同区域,必须做一件事情——相互学习。两个人可以在不断学习的过程中,慢慢拉近彼此的距离。

传授下属实用的沟通策略

到什么山头唱什么歌

团队成员在沟通的时候,要根据自己当下的实际情况来确定沟通的内容和方式。如果情况有变,沟通的方式就要相应地进行改变。举一个例子,一个员工从一个部门调到另外一个部门,在原来的部门中,沟通氛围是非常开放的,有什么话都可以直接说。但是现在这个部门的沟通氛围就没有那么开放,这时,员工就要对自己的沟通策略进行相应的调整。比如有很多沟通以前可以直接进行,现在就要通过其他的方式来解决。

实际上很多人都有这样的感悟,尤其是从世界 500 强企业跳到民营企业去的一些员工。世界500强中很多企业的沟通方式往往比较直接，而到了民营企业中，如果还是按以往沟通的风格行事，那效果不一定好。

主动沟通

主动沟通是一种善意的沟通，越主动，越容易得到大家的善意相待。作为团队领导者，要培养团队成员主动沟通的能力，这样才能及时解决问题。

> 联想总裁杨元庆是一个非常严厉的人，严厉到最后没人愿意跟他沟通。他想："这样下去不行，如果没人愿意和我沟通，我还怎么管人呢？"于是他想了一招，每天站在公司大门口，只要有员工来了，喊"杨总"的，他就把手一伸，说道："出去。"喊"元庆，早"的人，他就将手一伸，说道："请进。"这样足足有两个星期，所有人看到他都喊"元庆"，这就无形中减少了手下跟他沟通的压力，也让员工的主动性变强了一些。

现在很多企业都推出了"沟通60分"行动，就是在周五下午抽出60分钟的时间，全公司员工展开沟通行动。领导找下属沟通，下属找领导沟通，下属和下属沟通……共计60分钟的时间，这种做法能在很大程度上提高团队的主动性。

沟通为实

我们经常听到一句话："眼见为实。"但是眼见也不一定为实，因为有可能看到的只是表象，不是本质。

> 孔子在周游列国的时候，有一段时间粮食匮乏，很长时间没有吃饱饭。颜回觉得老师体力不支，营养补充不够，就自己去讨了一些米。米讨回来后，颜回亲自给老师煮饭。煮饭时，孔子由于太劳累就睡着了。饭快熟的时候，米饭香味让孔子醒了过来，他一睁眼，发现颜回正在用勺子舀锅里的饭往自己的嘴里塞。孔子心里很不是滋味，在他心目中，颜回是他这些学生中道德品质最高的一个，也是他最欣赏、最喜欢的弟子。可是，这个弟子竟然在老师没吃的情况下，自己先吃了！孔子很失望，但他没有直接去责备颜回，而是对颜回说："回啊，饭我们不要吃了，好久没有祭祖了，咱们把饭拿来祭祖吧。"在古代有一个习俗，祭祖的东西人是不能先吃的。颜回听了孔子的话就说："老师，这饭不能祭祖。"孔子问："为什么啊？"颜回说："这饭我吃过，因为刚才我在给你煮饭的时候，屋顶上掉下来一些灰，把饭弄脏了一些，我觉得丢了太可惜，给老师吃又不尊敬老师，所以我把脏了的部分自己吃了。"孔子听后很感慨："眼见不一定为实啊！问过才能知道是不是真的。"

实际上，我们在日常的工作中也是这样，有很多团队成员老是觉得别人对他有意见，觉得别人不认可他，却从来不和别人沟通。这样一来，本来没问题，结果却出了问题。

敲门砖、登门槛

团队成员之间难免会发生矛盾和冲突，如果其中一方想缓和，敲门砖、登门槛是一个非常好的办法，这种策略能起到很好的作用。那么，什么是敲

门砖、登门槛呢?

> 有这么一个故事,美国著名政治家富兰克林和一个富商关系很不好,这个富商到处抨击他的政治主张,还对他进行污蔑。富兰克林想缓和两人之间的关系,用了很多方法,比如请富商吃饭、找富商聊天,但都没有起到好的效果。最后他想到了另外一招。原来,他通过了解,知道这个富商很喜欢中国的《三国演义》,在当时的美国,《三国演义》不是很好买,他就写了一封信给那个富商说:"听说您有本书叫《三国演义》,我很想拜读一下,你看能不能把这本书借给我?"富翁一想,对方亲自写信来借书,不给点面子总不好,显得自己太小气了。于是,就把书借给他了。在这里,借书就属于敲门砖。
>
> 书借来之后,富兰克林看了一个多月,就写了一封信给这个富商,信上说了自己读《三国演义》的一些感想和产生的疑惑,并且问富商,能不能见面,相互沟通一下。这个富商同意了,两个人就约在了一家咖啡厅沟通。两人相约到咖啡厅沟通就属于登门槛。当沟通结束后,两个人建立了非常良好的关系,这就是敲门砖、登门槛的作用。

我们在日常工作中也是这样,比如你想缓和与某个团队成员之间的矛盾,你最好知道他喜欢什么,要投其所好。比如他喜欢打麻将,那好,你就约他和几个朋友打麻将。打麻将的时候,顺便互相聊一聊彼此的情况,说不定可以消除双方的很多误会。

以退为进

团队成员之间进行沟通的时候,常会遇到相持不下、谁也不愿意让步的局面。这时,有一个策略可以解决这样的僵局,就是以退为进。这种"以退为进"的方法可以使双方达成共识。

> 我们的前总理朱镕基在WTO谈判的时候,就用过这样一个策略。当中国和美国的WTO谈判到了最后的攻坚阶段时,中国和美国都互不相让,谈判陷入了僵局。中国派出了朱镕基总理去解决这个问题,朱镕基用的策略就是"以退为进"。
>
> 在谈判的时候,美国的代表提出了第一个条件,朱镕基总理答应了,第二、第三个也答应了。当时我方的其他谈判人员觉得总理退得太快,于是写了一个纸条给总理,上写"退得太快,不能让这么多"。总理没有理会,继续让,让了几条后,总理说:"我已经作出这么多让步,你们也要作出相应的让步。"美方看到中方这么有诚意,于是也作出了一定的让步,最后双方达成了共识,中方顺利加入了WTO。这就是一个典型的以退为进的策略。因此,当团队成员之间针对某一项工作争执不下的时候,大家可以相互退一步,这样能推进两个人达成共识,这就是以退为进。

同频率

还有一个原因会导致人和人之间不能进行有效的沟通,即双方的频率不一样。你擅长的对方可能不擅长,你觉得某件事很简单,而对方由于不擅长,会觉得这件事很难,因此两个人会产生不同的频率。频率不一样,两个人就无法理解对方。

如何实现同频率呢?方法很简单,把复杂的东西通过简单形象的方式说

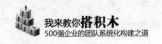

出来，即比喻。

> 一个培训师去某家空调企业做培训，培训师问市场总监："负离子空调是什么意思？"市场总监说了一通专业术语，看培训师的样子很茫然，于是市场总监开始打比方："把灰尘比作男人，负离子就是美女。美女要素质有素质，要长相有长相，要能力有能力。放出一个负离子就相当于放出一个美女来，美女会吸引很多男人围着她转。实际上就是很多灰尘围绕一个负离子转，这样，空气中的灰尘就少了，空气就清新了。负离子就是净化空气的。"通过这样的比喻，培训老师很容易就理解了什么是负离子空调，这是因为双方处于同频率状态了。

第六章
有效的执行——让团队更有效率

管理是一种实践,其本质不在于"知",而在于"行"。一个团队,无论其愿景有多么宏伟,决策有多么正确,计划有多么周密,若没有得到有效的执行,最终的结果都是空谈。

有效的执行是目标与结果之间的桥梁,它能把想法化为实际的行动,把实际行动变成最终的结果。比尔·盖茨曾说:"在未来的10年内,我们所面临的挑战就是执行力。"现如今,执行力低下已成为困扰团队的重要因素。身为领导者,如何锻造团队的高效执行力、让团队的一切行动都产生理想的效果呢?这就是本章要涉及的内容。

第 1 节
影响团队执行力的七个障碍

让自己的团队拥有高效的执行力，是每个领导者所期望的。要实现这个目标，我们最好先知道执行力不高是由哪些因素导致的。

缺乏明确目标

当一个团队缺乏明确的目标时，工作就会迷失方向，这将会削弱团队的执行力。因为在这个时候，即使团队成员想去执行某项工作，也会苦于没有目标。

很多民营企业在高速发展的过程中，团队成员的执行力还是很强的，当企业的发展速度降低了以后，企业没有制定明确的目标，大家的积极性就会明显下降，其凝聚力也跟着下降。当人心一散，执行力就会受到很大的影响。所以，在团队建设和管理的过程当中，一定要加强目标的明确性。

团队成员不认同组织的目标

如果团队领导者没有就公司目标和团队成员进行深入的沟通，那么，团队成员就很难认同公司的目标，如此一来，他们的执行力自然不会很高。比如一个连长让一个连的士兵去挖一条沟，士兵挖沟的时候，就会抱怨："没什么事为什么要挖这条沟，有挖沟的时间，我们为什么不去训练？"因此，执行力就会下降，效率就会很低。

如果连长清晰地告诉士兵们："通过间谍我们得知一个情报，敌人会从这个方向进攻。所以我们要在这里挖沟来防止敌人的进攻。"前后两种情况，肯定是后一种情况效率高。

很多团队领导者都会犯一个错误，就是团队制定完目标以后，不和员工进行沟通，直接下命令安排执行。这样的结果往往是，员工表面说没问题，但是在内心深处并不认同这个目标，投入度就会不够。执行力和员工的投入度成正比，当投入度不够时，执行力往往会大打折扣。

所以团队领导者要和员工进行目标沟通，还要进行重复深入的沟通，以了解团队成员的想法和疑虑。这样，他们对目标的认同才会越深，执行效率自然越高。

目标和团队成员之间缺少联系

有的团队成员对企业所订立的目标有这样一种感觉：我是在帮助企业，帮助团队达成目标，但这个目标跟我没什么联系，干得再多都是为企业干的。这是因为团队领导者在进行团队目标管理时，缺少激励措施。实际上任何目标都要和员工的奖罚挂钩。有时很多团队对员工只有要求和责任，而没有相应的奖励，这样一来就减少了目标和团队成员之间的联系，影响了团队成员的执行力。所以，作为团队领导者，应该把目标和团队成员的个人利益进行紧密的连接，制定清晰的奖罚标准，如此才能提高执行力。

缺少坦诚的沟通

团队成员之间没有公开坦诚的沟通就会导致团队的矛盾越来越多。想要营造坦诚的沟通氛围，领导者就需要从以下几点入手：培养团队成员之间相互尊重的习惯；培养成员之间的信任感，成员之间的信任感和其坦诚沟通的概率是成正比的；多进行一些深度交流。

团队成员不清楚自己的责任

团队成员在执行的过程当中容易出现迷失方向的现象。比如团队在做计划的时候，往往制定的责任和目标都是比较清晰的。但是随着时间的推移，团队成员的责任会变得不清晰，目标会变得模糊。这时，团队成员往往就不知道从哪些方面执行。作为团队领导者，如何避免这种情况出现呢？团队领导者应该至少每一个季度都跟团队成员进行一次深度沟通，沟通的内容包括职责和责任。只有职责和责任越清晰，员工的执行方向才会越明确，才能提高执行力。

团队的氛围不够和谐

如果团队成员之间从不向别人伸出援手，有时候还会钩心斗角，那么，不和谐的氛围可能会使团队的执行力受到很大的影响。团队领导者要解决这一问题，需要注意以下几个方面：第一，分配规则是不是出了问题？第二，用人是否合适？自己的手下在人品和能力上是否胜任当前的职位和工作？第三，是不是团队成员之间的矛盾没有得到及时处理？

约束力不够大

一个团队在松懈的状态下，其执行力往往不够强。而当一个团队松懈的时候，往往是因为约束力不够，团队领导者对下属的要求不够严格。首先，管理团队的时候，领导者可以用一些制度和流程来增强约束力，保证团队成员的执行能力。其次，也可以通过树立危机意识来提高执行能力。

波音公司有这样一个管理策略，在每周五的下午，公司都会广播一条新闻：波音公司将在下个月中旬倒闭。实际上波音公司不会倒闭，只是想通过这样的方式来提醒大家："如果我们不注意自己的行为，不保证自己的执行力，不努力工作，公司很有可能在下个月倒闭。"在此运用的就是树立危机意识的方法，以此增加团队的约束力，进而提高执行力。

第 ❷ 节
提高团队执行力的路径

团队的执行路径依次为下达命令、过程把控和评估改善。做好这三点，能很好地保证团队的执行速度，实现执行效果。下面，我们将对这三个方面进行详细的讲解。

下达命令

团队成员在执行命令的时候，要想保证执行的效果，首先要清楚领导下达的命令。一个清晰的命令才能保证好的执行，如果领导者命令下达不到位，其执行往往会出现偏差。作为团队领导，下达命令应该注意哪几个方面呢？

第一个方面，命令下达要有标准。团队领导要清楚：通过命令想要达到的结果到底是什么？这个结果通过什么样的标准来体现？否则，下属执行时容易出错。

> 一次，某领导对自己的秘书发脾气，把秘书臭骂了一顿。他之所以发这么大的脾气，是因为他让秘书复印合同，秘书复印了一式两份。他没看，就直接拿去和客户签合同了，但这份合同需要一式三份。因为这件事，他觉得秘书一点儿责任心都没有，让自己在客户面前丢了面子。而实际上这个秘书刚刚来公司不到一周，在复印合同的时候，

领导也没有交代过是一式三份。按照通常的理解，合同多是一式两份。这里，这个领导犯了命令下达不够清晰的错误。

第二个方面，锁定责任。在下达命令的时候，一定要锁定责任。否则，很难保证执行到位。

> 明太祖朱元璋是一位非常擅于锁定责任的皇帝。在修南京城墙的时候，他要求每一块砖上必须有四个人的名字。第一个，规格是谁定的；第二个，砖是谁烧的；第三个，是谁运的；第四个，是谁最后检查上墙的。如果砖上墙之后，发现出了问题，罚得最重的是那个最后检查的人。于是，为了不被罚，每个检查砖的人都会拿两样东西，一是尺子，二是小锤头，对每块砖都要量一下、敲一下。因为责任锁定，南京城墙成为中国古代城墙中最牢固的城墙。

作为团队领导者，责任一锁定后面的事就好办了。但在锁定责任的过程中，领导者一定要列出谁负主要责任，谁负次要责任，否则，就没法做到公平、公正。

第三个方面，支持推动。把标准定清楚了，责任也锁定了，还要做一件事情，就是支持推动。支持推动可以保证命令的有效执行。

第一是资源支持。要给下属提供相应的资源以保证执行到位。很多企业有命令、有标准，也有责任，但就是没有资源支撑。

某培训师去一家企业做培训，这家企业的人力资源总监告诉他："公司对人力资源部的要求非常清晰，目标也定得非常明确。但是，只要是人力资源部要求搞培训、做活动，要求资源支持，财务部总会找到各种理由，说公司资金紧张，没办法提供资金支持。"这就属于在制定目标的时候，企业没有给予相应的资源支撑。

很多企业为了解决这一点，推出了一个方法，即预算制。就是先把执行的内容和责任锁定了，然后让负责人做一个预算，预算做出来之后，只要批了，钱就直接拨过来，这样一来便保证了执行。

第二是领导者要对成员进行指导。如果领导只下达命令，没有指导相应的方法，成员往往不知道怎么去做。

第三是要增加其他团队成员对执行任务成员的协同。有很多团队成员在接到任务之后，有了资源，但是其他的团队成员不支持、不协助，导致执行效率不高。

过程把控

过程把控指的是对整个执行过程进行相应的监督和控制，从而实现执行到位。过程把控对执行的促进可以起到非常大的作用。在团队执行某一项任务的时候，往往需要在各个方面进行合作，这就增加了把控的必要性，同时也增加了把控的难度。

面对一些复杂的情况，如果失去了过程把控，常常会出现结果的偏差，导致完成不了预定的目标。那么，怎么把过程把控做好呢？我们要从四个方面入手。

任务进度

首先，需要关注一下已完成的任务是什么，未完成的任务是什么，正在

进行的任务是什么,把这三个方面都弄清楚了,就有利于控制进度的推进。比如公司要搬家,负责搬家的人力资源部总监要进行任务进度的设计,确定搬家的顺序,即什么东西先搬,什么东西后搬,什么时候搬完。这个进度一定要做到位。

任务进度表可以采用切值法,就是你把要做的大任务分成一些小任务,把这些小任务一张一张地贴在墙上。这样,你就可以很直观地看到自己做了哪些工作,还有哪些工作没做,哪些工作正在进行中,整个任务进行到了哪一步。有了这样的任务进度表,可以对自己的工作过程进行有效的监督。

时间控制

任何任务在执行的时候,都必须要有时间的控制。时间控制最严格的时候是打仗的时候。在战场上,如果不能很好地把握时间,就会出现混乱。

比如我方计划先用大炮轰击对方的阵地,然后再发动进攻。如果时间控制做得混乱,在已方进攻的时候还用大炮轰,那就会损失我方的人。而这种情况在企业中经常出现,由于时间控制没有做好,有的部门起始时间早了,效率比较高,把事情做完了,但是别的部门没有跟进,所以先做完的这帮人就会闲着没事干。有的部门时间推迟,应该按时完成的工作没有按时完成,导致整体进度受到影响。

> 李劲是一家豆浆机生产企业的产品部研发经理。该公司在新一款豆浆机的产品研发过程中由于资金投入不够,人员不齐,导致了整个工期的延误,使新产品的上市整整推迟了近两个月。就在这两个月期间,另一家企业推出了一款豆浆机,而这款豆浆机的外形、设计理念

> 基本上和李劲所在企业的豆浆机是一样的。所以，当李劲所在企业的豆浆机上市后，并没有起到预想的轰动效应，产品的销售情况与另一家企业相比，差得不是一点半点。
>
> 追其原因，就在于该公司在研发初期，没有制定详细的时间控制表。比如资金什么时候到位，谁负责让资金到位，什么时候人力到位，谁负责调动人员……由于这些时间结点都没有达到预期的效果，导致了整体产品研发的延误，给企业造成了巨大的损失。

资源配置

资源配置对执行过程的把控有着至关重要的作用。如果资源配置过早，就会造成资源的占用和浪费；如果资源配置不及时，就会影响执行的效率。因此，企业要进行相应的资源配置控制，资源配置越合理，浪费越少，执行力就越强。

现在很多企业在推行零库存，即企业没有库存。而零库存的实现需要在执行的过程中进行优质的资源配置。说到资源配置，可以拿炒菜来形容。厨师为了炒菜的方便，每一种材料都会事先准备好。比如肉要和菜都要切好，材料放在旁边，所有东西都准备好了再炒菜。这种做事方法提高了做菜的速度，有利于资源的快速整合，避免出现肉已经炒得差不多了，却发现没调料的情况出现。很多团队都会犯类似的毛病，本来事儿已经做到一定的程度了，只要有资源，很快就可以完成任务，但由于没有提前备好相应的资源，导致执行力下降。

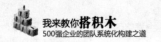

进度监督

进行进度监督有两个好处,第一个好处是可以督促任务的执行,使任务按时完成;第二个好处是可以发现在执行任务过程中出现的一些问题,并及时解决。如何进行有效的进度监督呢?首先,要有适合做监督的人。这个人要有一个特点,就是为人公正无私,一是一,二是二,敢做黑脸,不怕得罪人;其次,要有监督的标准,没有标准就没有奖罚,监督的力度就会减少;最后,要有相应的证据,在监督的时候,如果要进行处罚,必须要有相应的证据来保证处罚的公正。

方法保障

任何团队在执行某一项任务的时候,都要有相应的方法作为保障。为什么呢?当一个团队遇到困难的时候,如果没有相应的方法来解决突发性问题,往往可能因为措手不及导致整个任务偏离方向或是目标难以达成。

关于方法保障,很多企业已经在进行这方面的建设了。比如有的企业在执行一个重要任务的时候,往往会做出几个备选方案,当遇到突发事件时,就会启用备选方案解决问题。现在很多企业对于食品安全非常关注,当生产的产品质量出了问题,怎么来处理产品质量危机?他们往往会事先准备几个方案,比如第一个方案是进行赔偿,如果进行赔偿行不通,消费者不接受,就采取第二个方案,比如认错。丰田车出了问题以后,丰田的总裁去每个国家认错,就属于方法保障。方法一环扣一环往前走,可以保证执行到位。

评估改善

要想对某个任务进行相应的评估和改善,团队领导还要做以下几个方面的工作:

第一,在任务制定初期就要制定相应的评估标准。如果没有评估标准,就很难对执行者进行评估。现在在绩效管理时往往会制定绩效考核模型,一般的绩效考核模型包括A、B、C、D四个标准,分别代表优秀、良好、合格、不合格。如果做绩效没有把标准定清楚,就很难进行有效的绩效评估。

第二,要有原始数据。如果在执行过程中没有相应的原始数据,光靠结果判定其执行到底有没有效,可不可以改进,其效果往往不是很好。在执行的过程中,团队成员要对每一个关键点记下相应的信息,团队领导者也要进行相应的信息记录。在这点上,他是怎么做的,哪里做得好,哪里做得差,这就是属于原始数据的积累。

第三,进行相应的奖罚。有了原始数据的积累,在评估的时候,就容易进行相应的奖罚,这样的奖罚才是合理公正的,因为有原始数据作为依据。一项任务,往往不是一个人在做,可能有十几个人、几十个人一起做,原始数据可以证明到底哪一个人做得比较好,哪一个人做得比较差。根据这些,可以保证分配的合理。

第四,提升改善。要想真正改善团队在执行任务过程当中所犯的一系列错误,必须对原始数据进行分析。原始数据记得越清晰,分析就越符合实际情况,越能找到本质问题,提升和改善的效果才会越好。

改善过程中一个非常好的方法就是复盘,什么为复盘?比如一个任务完成以后,所有参与任务的主要人员一起把这个任务再理一遍思路,第一步是

怎么进行的，第二步是怎么进行的……然后一步步找到其中存在的问题：哪些可以改善，哪些可以调整，哪些是下次要避免出现的问题。复盘，可以提高企业下一次执行类似任务的效率。

第 3 节
领导者在执行中需做到的几点

在团队中，领导者是掌舵的角色，特别是带领团队执行某项任务的时候。想要当好一个团队的管理者，以下几点不可不知。

说软话，做硬事

说软话就是思想沟通，做硬事就是该罚的一定要罚。大家也许会有这样的感觉：很多老好人执行力都不高。作为领导者，如果是老好人，要么找一个强有力的副手，要么不做正职。如果想改变自己的思维，让自己变得强硬一些，可以看些心理学方面的书籍。如果员工努力工作、执行到位，你啥都不说，他会继续做；如果他做得不好，你不说他，他也会按照原来的样子继续做。你睁一只眼，闭一只眼，到最后就会使团队形成一种散漫、无组织、无纪律的状态。

喜欢养狗的人也许知道，为了让小狗去卫生间上厕所，在它想上厕所的时候，就赶快把它抱到卫生间去，上完厕所后再给他点吃的；如果你发现它没去卫生间上厕所，就狠狠地训它。持续半个月之后，这个小狗就明白一个道理，去卫生间上厕所，有东西吃；如果不去卫生间上厕所，会被教训一顿。这样，它就会形成去卫生间上厕所的习惯。这和管人一样，做得好的要鼓励，做得不好的要批评，如果想当个老好人，一味和稀泥，团队效率就会直线下降。所以，为保证执行效率，软话可以说，但硬事一定要做。

让员工理解原因

> 一汽大众投资了一条生产线生产雨刮器，有一个环节是拧螺丝。怎么拧呢？拧三圈回一圈，因为拧的螺丝很细，如果连续拧三圈，螺丝容易滑掉，拧三圈回一圈速度会放慢，还有一个空隙提高耐久性。但工人们并不知道其中的原因。有一个工人拧了一个月开始琢磨，拧三圈回一圈和拧两圈没什么区别嘛！于是，领导在的时候他拧三圈回一圈，领导不在的时候他拧两圈就过去了。最后雨刮器出现了问题，查来查去，发现问题出在他身上。可是这个工人很理直气壮地说："拧三圈回一圈和拧两圈有什么区别？"后来经过培训后他明白了原因。然后这个工人说了一句话："你怎么不早说啊？你要早说为什么拧三圈回一圈，我肯定就会照办了。"

所以，作为团队领导，让手下执行任务的时候，一定要把原因讲明白。

重视结果

团队领导者在执行的过程中一定要重视结果。有很多团队领导者在执行

的过程中，心中根本没有结果，只有利益。只要能满足自己的利益，怎么做都可以，像这样的团队领导者是极其不负责任的。还有一些团队领导者，对于不好的结果的接受度太强，觉得员工能做到这个样子，没有功劳也有苦劳啊，已经不错了，差不多就可以了。长此以往，会导致所有员工都无视结果，每个人都不承担责任，都不敢面对不良结果。

> 有一家公司销售业绩直线下滑，总经理开会找原因。他首先问销售部为什么业绩下滑这么多，销售部经理说是产品比竞争对手差；又问产品部为什么产品的开发不理想，产品部经理说是开发经费不够；总经理又问财务部为什么不多给一些经费，财政部经理说公司成本增加太多；再为什么，因为物价上涨。

从案例中可以看出，公司业绩下滑的根本原因在于大家都不重视结果。每个人思考的都是如何躲避责任，如何把自己的责任推给别人，没有一个人面对业绩下滑的结果讨论一些方法。这家企业的总经理也犯了一个非常关键性的错误，当销售部说产品不如竞争对手时，最起码应该问一下：销售部凭什么说产品差？销售不理想为什么没有及时向上报告？当产品部经理说研发经费不够时，也应该想一下是真不够还是假不够。深入一想，你会发现，根本原因在于结果意识不强。当企业漠视结果的时候，其执行力一定会下降。

关注细节

在执行的过程当中，团队领导需要注重执行的细节。比如，有的时候，手下遇到了一些问题，但是不好意思跟你沟通，但如果你没有发现这一细节，最后就会造成整体执行不到位。所以，领导者在下属执行命令的过程中，应该关注细节。那么，应该关注哪些细节呢？

第一，要关注整个任务执行的进度。对于重要任务，要进行过问和检查，这样才能及时发现问题。第二，看员工的工作状态。有很多员工在刚开始执行任务的时候，工作状态很好，会努力工作。但是工作的热情随着困难的增加，会不断降低，当员工的工作热情降低到一定程度时，就会阻碍执行往前推动。所以，团队领导者发现员工工作热情下降时，就要通过沟通来给员工打气，以提高员工的主动性。在重视细节上，共产党在抗日战争和内战的时候，做得非常好。比如当战争进入最艰难的时候，政委就发挥了非常大的作用，他会和士兵们沟通，为士兵们打气，提高士兵获胜的欲望和信心，这都属于细节的管理。

细节管理对企业非常重要。

> 某公司的销售部经理在跟一个数额高达五千万的大单子。刚开始的时候，这个经理还很有信心，各方面都做得也非常全面。但是跟到中间的时候，这个单子就推不动了，但是他也找不到推不动的原因，也不好意思问领导。于是他就自己思考。因为刚开始他对领导表态说很有信心把这个单子拿下，现在感觉自己拿不下，心里很急躁。而领导一直在关注他的工作进度，本来他说是四个月拿下这个单子，但到了第三个月的时候，还没有进展到关键阶段。领导发现这个问题之后，就积极主动地和他沟通，之后发现问题出在对方身上。对方是因为什么不签这个单子呢？正好领导有一个同学在这家企业工作，通过这个同学，领导了解到一个关键信息，之所以停下这个项目，是因为这家

> 企业是国有企业，因为要换届了，在任的这一届领导不愿意给后面接班的领导留下把柄，所以就把这个项目往后推。
>
> 了解到这一情况后，这家公司在第一时间和对方要上任的新领导进行了接触。后来单子拿下来了，这家公司和这家公司的新领导人的接触也比竞争对手早了两个多月。对细节的关注，是这家公司顺利拿下单子的一个重要原因。

作为一个领导者，如果发现不了员工在执行某一个任务时的工作细节，没有和他沟通，又没有给予相应的帮助，往往会对整个任务造成非常大的影响。所以，作为领导者要见微知著，观察到执行的每一个细节，及时处理出现的问题。否则，到最后局面不可挽回的时候，再去找原因，就没有意义了。

第4节 下属执行素质的培养攻略

俗话说："巧妇难为无米之炊。"同理，一个团队有好的领导，但是下属的各方面素质却跟不上，一样会影响团队的业绩。

下属应具备的几种基本执行素质

要真正保证一个团队的执行效率，领导者就必须培养员工的执行素质。

什么是执行素质？员工在执行任务的时候，所形成的一些思想观念就是执行素质。很多企业因为执行素质不高，而导致企业执行不到位。比如，你让手下执行一个任务，手下说："这个任务太复杂了，我没把握。"这个时候他说任务复杂，实际上就是在告诉你："这件事情我有可能干不好，如果我干不好，你就不要惩罚我。"这就是典型的执行素质不够，刚开始就觉得事情无法做好，将来肯定做不好。执行素质不够会严重阻碍任务的执行。那么，下属应该具备哪些执行素质呢？

执行素质一：服从命令

在实际工作中，有些员工会质疑领导的决定，自己不赞同，就干脆不执行；或者表面上执行，但背后消极抵抗，在执行的过程中不尽全力，勉勉强强，敷衍了事，这会给领导的管理造成很多不便。

很多时候，领导下命令但并不解释为什么。如果员工质疑领导的决定，不肯服从命令，那么，团队的管理就无从说起了。所以，服从命令是管理的根本。这在军人身上体现得最明显。军队中有一句话是："军人以服从命令为天职。"军队训练中会练习正步走、向左转、向右转、向后转等，打仗的时候，当士兵撤离时，他会不会来一个标准的向后转，然后再起跑？不会。军队中要求大家叠被子一定要叠成豆腐块，牙膏、牙刷的摆放方向要一致，这除了浪费时间外，有什么好处吗？看似没有。有人觉得这些不合理，但教官会告诉你："不要跟我提合理不合理，这里没有合理不合理，我让你做到你就必须给我做到！"实际上这是在培养军人无条件服从命令的素质。如果团队成员能够具备军人这种服从命令的素质，那么，团队的执行效率之高简直是无法想象的！

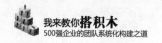

执行素质二：不找借口

不找借口的执行素质和一切行动听指挥，以及服从命令是异曲同工的。公司的事情只要决定了，就是对的，就必须严格执行，不能找借口。员工把一件事情做砸了，通过找借口来证明自己做到这个程度已经是非常好的了。有了这样的想法，是永远不可能把事做好的。

> 在《把信送给加西亚》这本书中，罗文中尉接到上司的一个重要任务，这个任务是把一封具有战略意义的密信送给一个名叫加西亚的古巴盟军将领。罗文只知道这名首领正在古巴丛林作战，没人知道他具体在什么地方，也不知道怎么联系上他。罗文接到这个任务后，没讲任何条件，而是历尽艰辛，克服重重阻碍和危险，终于找到了加西亚，成功把那封信交到了加西亚手中。所谓不找借口，就是员工接到任何一项工作，都要想尽一切办法去完成工作，有条件要完成，没条件创造条件也要去完成。

执行素质三：执行到位

凡事只有到位，没有差不多。员工做一件事，要做就要做到位，不要老是差不多，差不多的结果就是差很多。

> 比如，你让一个员工去北京的书店买一本书，这个手下对北京很熟，他坐公交以最快的速度到了附近的书店，但书店没有这本书。于是他又去其他书店，但跑了好几家，都没有这本书。最后他气喘吁吁地回来告诉你："韩总，北京所有的大书店都没有这本书。"那他就属

于执行不到位。因为他忘了一件事，你的目的是让他帮你找到这本书，无论通过什么方式。这个员工发现书店没有这本书，可以上网去搜一搜。如果网上有这本书，可以在网上下订单。如果没有，也可以打电话问一些专业类的小书店，还可以求助朋友或同事……可见，方法很多。只有他把书找到了，才算是执行到位。

下属基本执行素质培养方法

作为领导者，怎么培养下属的执行素质？最好的方法就是训练。任何人的执行素质都不是与生俱来的，都需要经过长时间的训练。执行素质的训练在古代就已经有了。儒家有句话叫"修身，齐家，治国，平天下"。修身的目的是为了使自己身上的缺点、人性的弱点越来越少。而这种长时间的修身，实际上就是执行素质的训练。通过长时间的训练，一个人就可以具备良好的执行素质。

如果你是一家服装店的主管，你要求手下的导购面对顾客时要露出灿烂的微笑。要培养这个执行素质，你要先告诉她们这么做的原因：微笑是一种最容易拉近彼此距离的方法，给顾客一个灿烂的微笑，顾客的心情就会很好，顾客心情一好，他掏钱的速度和掏钱的数额会加快、加大。

导购认同这点后，你要通过奖惩方法去推进微笑这一行为。做得好的表扬，做得差的批评。经过长时间的推动，导购会产生行为的重

> 复，从而会形成习惯，形成习惯以后，不用你要求，他看到顾客之后就会笑，因为习惯是人的条件反射，当人做一件事成为习惯以后，他可以不经过大脑，下意识就去做。

可见，执行素质的培养就是反复训练员工，让其形成习惯。习惯会产生非常大的能量，对团队的执行力起到强大的推动和保障作用。

向跨国公司学管理、向标杆企业学经营　益策实战商学院
做中国最好的职业经理人商学院

益策（中国）学习管理机构始创于2002年，以"战争中学习战争"的实战魂魄享誉业界，是中国管理培训业的领军者，最大的学习资源平台，中国企业学习高品质公开课、内训公认第一品牌。

公司缩影

总部设在广州琶洲保利国际广场，并在北京、上海、深圳和成都设有全资分公司及实体课室。拥有精英运营团队，设立六大职能中心。员工总数近400名，专业素质与人文修养在行业处于领先地位。

资源优势

作为中国管理培训业的领导品牌，益策平台具有业内同行无可比拟的资源整合能力及运营平台。

汇集来自**P&G、GE、SAMSUNG、华为、IBM、麦当劳、HP**等中外著名企业讲师团队。

与**美国ASTD、韩国KMA、德鲁克学院、学习路径图国际、美国柯氏培训评估公司**等顶级学习机构建立了战略合作。

凝聚来自**西门子、招商银行、腾讯和携程**等著名企业的培训总监或VP。

是中国唯一一家具备向企业提供高品质公开课、内训、品牌学习专柜、商务考察、项目学习方案和企业大学构建咨询的学习运营商。

独特的竞争力

被广为称颂的学习价值观与方法论体系成为益策超越中国各类培训机构、屹立行业巅峰之独特竞争力，企业可直接参照内部运用：**三驾马车驱动企业学习平台、学习项目的包装与策划、课程运营道与术**等。

高举"标杆学习法"旗帜，运营**实战商学院、商战名家网、CSTD-中国企业大学联盟**，三位一体解决中国企业各类人才培养、HR持续成长需求问题。

实战商学院提供公开课、内训、商务考察和系统项目学习班，是企业的地面学习渠道。

商战名家网(www.boke28.com)定位于学习消费与采购的互联网平台，满足各类型企业的课程、讲师和学习项目的在线采购与消费。

CSTD-中国企业大学联盟定位于"培训管理者第一门户"，以会员制凝聚百万企业培训管理者。

不仅如此，我们还将继续前进

十年以来，益策为中国数十万家发展程度不同的企业提供标杆学习项目，策划学习大会、营销峰会、十佳榜单，帮助企业提升人才培养与管理升级，开阔学习视野。获得**中国移动、工商银行、美的、可口可乐、嘉里粮油、加多宝、深发展**等"灯塔客户"的认可及最高持续长达10年的培训合作。迄今为止，益策雄踞中国高品质公开课第一名的市场份额，整体客户续费率达到95%，首创的"学习通套票"成为主流企业消费模式，所服务企业及职业经理层次、数量均为行业第一。

中国培训业公认标杆学习产品与服务领导者　值得信赖的专业服务品牌